Pillole per la memoria – 14

I0150078

Isbn 978-88-96576-16-8

Prima edizione: 2013
Seconda edizione: 2021
Edizioni Trabant – Brindisi
www.edizionitrabant.it
redazione@edizionitrabant.it

Basilide Del Zio

Il Brigante Crocco
e la sua autobiografia

Edizioni
Trabant

IL VOLTO FEROCE DEL BRIGANTAGGIO

Partiamo, come spesso ci piace fare, dalle rappresentazioni cinematografiche. Dopotutto, è quella la cultura popolare del nostro tempo, costituisce perciò un buono strumento per valutare il giudizio dei contemporanei sul passato.

Che ricordi, sono state tre, in tempi più o meno recenti, le raffigurazioni di Carmine Crocco al cinema on in tv. La prima, e probabilmente la più fedele, nel magistrale *'O Re* di Luigi Magni, con Giancarlo Giannini e Ornella Muti, datato 1989. Nel narrare le vicende di Borjès, la sceneggiatura, inevitabilmente, ci presenta anche di sfuggita il brigante Crocco, raffigurandolo con le fattezze di un rozzo popolano dal gran barbone e l'accento smaccatamente dialettale. Esattamente dieci anni dopo troviamo Crocco protagonista di un intero film sulla sua vita, con il volto di Enrico Lo Verso: *Li chiamarono... briganti!* di Pasquale Squitieri (1999). Questa volta il bandito beneficia di una raffigurazione appena un poco ingentilita: nonostante l'efferatezza, ci viene presentato come una vittima dell'ingiustizia sociale e, sebbene incrudelito, per così dire ruba ai ricchi per dare ai poveri; anche l'aspetto è meno rozzo, più che al contadino lucano tende al fascino trasandato dei pirati di Mompracen. La terza e più recente raffigurazione è passata in televisione nei primi mesi del 2012: *Il generale dei briganti*, sceneggiato in due puntate diretta da Paolo Poeti, con protagonista Daniele Liotti.[1] Complici le esigenze delle *fiction* della tv di stato, qui l'edulcorazione del personaggio è estremiz-

---

[1] Al tempo in cui è uscita la prima edizione di questo libro, ho avuto occasione di recensire lo sceneggiato. Il blog non è più attivo, ma l'articolo è consultabile al seguente indirizzo: https://web.archive.org/web/20210214162931/http://www.edizionitrabant.it/ilrefuso/il-generale-dei-briganti-ovvero-il-risorgimento-del-cuore-2/

zata al punto da farne una specie di Renzo Tramaglino con il fucile. Via il barbone, attenuato l'accento, smorzata la violenza: ci si chiede quasi che mestiere facciano i briganti, visto che non rubano, non ricattano, a stento uccidono qualcuno.

Pur nella loro scarsa autenticità, interpretazioni come questa sono un segnale piuttosto interessante del sentimento comune nei confronti del cosiddetto brigantaggio meridionale. L'interesse degli appassionati di storia per quelle vicende, non solo mai spento ma addirittura in crescita, si nutre anche in buona parte di un'interpretazione dei briganti a metà strada tra Robin Hood e i fratelli Cervi, fino a farne addirittura un simbolo identitario del Meridione. "Briganti patrioti", "Per tutti quelli per cui Crocco era un patriota": sono solo alcuni titoli tratti da siti internet, forum e simili luoghi di aggregazione.

Sono fenomeni da inquadrare nell'ottica del presente e meriterebbero una discussione più approfondita. Probabilmente, nella cronica assenza di un sentimento nazionale italiano, le macro-regioni che compongono la nostra penisola cercano affannosamente di costruire un'identità propria andando alla ricerca di numi tutelari alternativi a quelli consueti. Banalizzando, potremmo dire che il Nord cerca di sostituire Garibaldi con Alberto da Giussano e strane suggestioni celtiche, mentre il Sud si richiama alle bande armate di epoca post-unitaria.

Eppure la fascinazione nei confronti del brigantaggio non può ridursi a questo, né si può dire essere una creazione recente. Di più: è addirittura precedente all'unità d'Italia. Appartiene al più ancestrale e sotterraneo fascino esercitato dalla figura del bandito. Agli occhi dell'uomo comune, la sua condizione di fuorilegge ne fa, tutto sommato, un *uomo libero*, nel significato più grezzo di persona non soggetta ad alcuna autorità se non il proprio istinto. Se la sua condizione è frutto di un passato tragico, di torti subiti dai potenti, o da un caso di mala giustizia, tanto di guadagnato: l'attività criminosa beneficerà anche di un comodo alibi, foriero di paradossi populistici del tipo "il vero delinquente è lo Stato". Per non parlare di quando il bandito conserva, nonostante tutto, barlumi di umanità che lo portano a gesti di clemenza o lo trascinano in appassionanti storie d'amore: in questo caso scatta il tòpos del *ladro e gentiluomo*, una lunga tradizione che va dal già citato Robin Hood e, passando da Arsenio Lupin, arriva fino al successo del *Romanzo Criminale* di De Cataldo e le varie versioni per il cinema e la tv che ne sono state tratte. Siamo sinceri: nonostante la presenza del commissario Scialoja, la maggior parte degli spettatori del telefilm omonimo, in cuor loro, fanno il tifo per la Banda della Magliana.

Questa premessa ci è servita per sottolineare come il mito contemporaneo di Carmine Crocco, il bandito lucano che spadroneggiò per anni su una vasta area del Sud Italia, affonda le sue radici più profonde in stereotipi della cultura preesistenti agli avvenimenti storici; i quali non solo non potevano essere del tutto sconosciuti ai protagonisti di quelle vicende, ma furono anche, in misura maggiore o minore, sfruttati da loro per alimentare, in vita, il proprio mito.

Lo stesso Crocco dette un contributo non indifferente con la pubblicazione della sua autobiografia ai primi del '900, a cui già ci è capitato di dedicare una presentazione in occasione della più recente ristampa.[2] Un testo che suscitò sin da subito il forte interesse dei lettori e non mancò di sollevare qualche polemica relativa alla sua autenticità. Tra quelli, però, che si chiedevano se le memorie fossero originali, o inventate di sana pianta, o astutamente rielaborate da un'altra penna, si levò in quegli anni la voce di una persona che non metteva in dubbio l'identità dell'autore, ma semplicemente la sincerità delle sue parole. Parliamo, ovviamente, del presente pamphlet, pubblicato originariamente a Melfi nel 1903: *Il brigante Crocco e la sua autobiografia, memorie e documenti a cura del Dott. Cav. Basilide Del Zio.*

Basilide Del Zio, di professione medico, proveniva da una famiglia dalla lunga tradizione rivoluzionaria e liberale. Uno zio paterno, ex soldato di Murat, era stato carbonaro e successivamente uno dei sostenitori dei moti costituzionalisti del 1848; il fratello maggiore, Floriano, aveva partecipato attivamente ai moti del melfese, e in seguito intrapreso la carriera politica fino a diventare senatore del Regno d'Italia. Parliamo, dunque, di gente cresciuta in un ambiente culturale che aveva a lungo agognato il momento dell'*unità* e *reden-*

---

[2] Carmine Crocco, *Come divenni brigante*, Edizioni Trabant 2009.

zione della Patria. Terribile sarà stato lo sgomento davanti all'instabilità sociale seguita all'indomani dell'unificazione, della quale il fenomeno del brigantaggio costituiva forse, se non la rappresentazione più significativa, quantomeno quella più tangibile.

Non dimentichiamo che la Lucania era stato uno dei teatri maggiori del brigantaggio politico: non, dunque, un puro fenomeno di delinquenza anarchica, ma uno scenario di lotta politica, di quelle che all'epoca erano chiamate *reazioni*. In questo caos di paesi assaltati e temporaneamente riconsegnati a sedicenti autogoverni borbonici, i liberali come la famiglia Del Zio erano quelli destinati a correre i maggiori pericoli: le bande, infatti, come primo provvedimento tendevano a effettuare spedizioni punitive nei confronti dei *traditori del re*.

È necessario partire da queste premesse, se si vuole comprendere la molla che ha spinto l'autore a scrivere il presente libello.

Come ammette esplicitamente nelle prime pagine, la lettura dell'autobiografia di Crocco è stata per lui un'esperienza fonte di disturbo e indignazione. L'abbiamo detto: Del Zio si schiera a favore dell'autenticità del testo; ma è proprio questo uno degli elementi che lo riempie maggiormente di sdegno: dato per certo che l'autore è davvero Crocco, la sua autobiografia assume i contorni, per il melfitano, di un'opera di auto-assoluzione. Memore dei lutti e delle distruzioni causate dalle bande armate, Del Zio non può accettare che Crocco si presenti come un tenero bambino reso cattivo dalle prepotenze subite; né che passi sotto silenzio buona parte del sangue versato.

Assume, dunque, su di sé il compito di compilare una *contro-biografia*. Una narrazione, cioè, da cui traspaia, attraverso un racconto asciutto e numerosi riferimenti a fonti documentarie, la cruda realtà delle imprese criminose delle bande facenti capo a Crocco. Il capobrigante, nell'introdurre le sue memorie, aveva promesso al lettore fatti "di cui inorridire"; salvo, poi, in parte non mantenere la promessa, per reticenza o tendenza a prediligere aspetti più folcloristici della propria vita, specialmente se utili a procurargli delle giustificazioni. Del Zio, al contrario, non si perde in fronzoli: non indugia sulla vita privata del suo personaggio, per elencare invece, come nella requisitoria di un pubblico ministero, le numerose efferatezze compiute: incendi, infanticidi, stupri, torture.

Ecco perché, nonostante sia incentrato sulla carriera criminosa di Crocco, il libro non ha in Crocco il suo vero protagonista. Tutta la vicenda, al contrario, è vista secondo l'ottica della popolazione civile, unica vittima del brigantaggio, e dei soldati chiamati a contrastare il fenomeno, veri protagonisti del racconto. I briganti, da par loro, appaiono e scompaiono come fantasmi; sono figure sfuggenti come la tattica di guerriglia da loro adottata. Tutto questo non fa che accentuare l'utilità che ha per noi questo libro: *Come divenni brigante* ci ha fornito il punto di vista di Crocco, indispensabile, pur con tutti i se, i ma, i dubbi, le probabili interpolazioni e via di seguito, per ricostruire da un punto di vista interno l'ambiente dal quale i briganti sono sorti; il pamphlet di Del Zio ci offre, invece, il punto di vista *esterno*, permettendoci di sopperire a tutte le dimenticanze, le omissioni e le edulcorazioni del racconto del fuorilegge. E lo fa, peraltro, basandosi su una documentazione rigorosa, parte della quale è riportata in appendice: articoli d'epoca, documenti ufficiali, e non ultima la sezione in cui sono trascritti gli sgrammaticati biglietti (oggi diremmo *pizzini*) con cui i briganti ricattavano le proprie vittime o davano disposizioni ai manutengoli. Una buona lettura per riportarci alla realtà della società misera e analfabeta che generò il brigantaggio, e allontanare così dagli occhi l'immagine ripulita a uso delle famiglie offerta dagli sceneggiati televisivi, per sostituirla con qualcosa che somiglia più alla mafia siciliana che alla foresta di Sherwood.

Abbiamo sempre parlato di una *natura sfuggente* del brigantaggio meridionale. Di un fenomeno, cioè, talmente complesso da non poter essere racchiuso in un'unica definizione, e del quale è difficile, se non impossibile, dare un unico, coerente giudizio di valore. Di questi tempi, in molti ci provano, spesso con la già citata tendenza a fare dei briganti dei simboli positivi di indipendenza nazionale. Converrebbe anche conoscere fonti come questa, parziali sì, soggettive come ogni fonte di qualunque epoca; necessarie però ad aggiungere nuovi tasselli al quadro d'insieme. E poi, alla fine, si discuta pure, anche animatamente, sui pro e i contro, sulle cause e le giustificazioni, facendo scontrare le passioni e le fredde analisi. Purché si discuta: un libro che non suscita sentimenti contrastanti non è degno di essere letto.

Il BRIGANTE CROCCO
E LA SUA AUTOBIOGRAFIA

ALLA
MEMORIA DEI GENEROSI
CADUTI
PER MANO DEI BRIGANTI
DIFENDENDO LA PATRIA

PREFAZIONE

Non appena il capitano Massa, aiutante maggiore del 57° fanteria, mi scrisse da Gaeta che intendeva pubblicare l'autobiografia del brigante Carmine Crocco, il mio primo sospetto fu quello di non ritenerne il Crocco autore. Ma come l'ho letta, ho dovuto persuadermi della verità su quanto il Massa mi scriveva.

La narrativa, la conoscenza esatta di persone, luoghi, paesi, campagne, e le iniziali di molti nominati, e dei quali mi è stato facile identificare la personalità e la famiglia, mi hanno convinto dover essere il lavoro esclusivamente del Crocco.

Per quanto un uomo poco colto volesse esporre ad altri tutto l'insieme dei fatti narrati, colui che dovrebbe coordinarli, dato pure che sia uomo di ingegno, non potrebbe assolutamente imprimere alla narrativa la descrizione minuta ed esatta dei fatti esposti. Potrebbe scrivere un romanzo, contornarlo di scene emozionanti, creare episodi anche tragici, ma ritrarre la descrizione di tanti minuti fatti, narrare gli eventi briganteschi, le avventure, i conflitti, gli incendi, le stragi, i ricatti, le invasioni, ecc., tutto questo può semplicemente narrarsi con quella esattezza, come nel manoscritto, da colui che fu *magna pars* di quelle gesta. E poi la descrizione dei luoghi, dei comuni, delle persone amiche o nemiche, possono essere solamente esposte da chi ne fu il protagonista. Il lavoro quindi, sotto questo aspetto, lascia poco, o nulla a desiderare.

Non così però la verità per la storia. Mentisce in molti punti, esagera in altri, occulta quasi sempre e costantemente le sue brutalità, le sue lordure. Inizia con spudorata menzogna la sua autobiografia, e mentre la pietà dei lettori, avrebbe forse tenuto in considerazione, la crudeltà del destino e forse anche la fatalità della delinquenza, gli si ribella invece non trovando l'onore offeso, non la famiglia da vendicare, ben vero il furto, sempre il furto e quant'altro gli possa occorrere per la sua cupidigia.

E fa veramente pena la lettura dei primi fogli, i quali poi si possono considerare pagine da romanzo, ma non da storia, ed il pregio della narrativa resta diminuito, se non distrutto, dalla maschera della menzogna. Ed è tale l'onore offeso, l'onore che vorrebbe vendicare; ma la storia non si cancella. Non è il cavaliere che lo vendica, è il ladro, semplicemente il ladro nell'inizio della sua carriera delittuosa.

È vero che non si nasce tale e che l'educazione avrebbe mutata la natura di quel disgraziato e perverso, ma il furto imprime un marchio che è molto ben diverso da quello di chi vendica l'onore. La cleptomania potrà essere morbosa, potrà avere delle attenuanti, ma non cessa, almeno nel codice, di essere delitto.

Sicchè il lavoro del Crocco comincia ad interessare il lettore dal punto ove egli inizia la lotta contro la società armata, ed appassiona sempre di più quando si scorge l'uomo che si afferma vindice di una dinastia caduta e condottiero di una massa armata che cerca dar vita ad istituzioni morte ed a gente disillusa del nuovo regime, e che anela spezzare un dispotismo più feroce, mascherato alla liberale. E sono splendide quelle pagine, quel pensiero costante in tutto il suo scritto, dal quale appare il perchè del reagire; e dell'eccitare gli animi alla reintegra del vecchio regime borbonico. Splendidi per quanto dolorosi, gli incendi dei comuni, degli uffici pubblici, e sorprende la narrativa dei fatti ricordati nei più piccoli particolari. Spesso però egli li esagera, ed in più punti cade nell'inverosimile e nel falso, e mentisce perchè gli conviene mentire. Ma egli scrive le sue memorie dopo circa trenta anni dalle sue gesta; ha pena e soffre per gli atti compiuti. Come spettri si presentano alla sua mente le tante vittime cadute di sua mano, o dei suoi, e piange ancora, egli dice « per le tante misericordie avute da coloro che io uccidevo come miei nemici ».

Ed impreca al destino perchè una palla non gli abbia fracassato il cranio, o lacerato il cuore, ed attende calmo il verdetto dei giurati. « Questi, egli narra, non ebbero pietà di me, come io non ne aveva avuto pel mio simile; la Legge ebbe il suo corso e l'uomo che aveva destato tanto terrore nella Basilicata, che aveva fatto spargere tanto sangue, portato il lutto in tante famiglie, chiude il corso delle sue brigantesche gesta, esclamando:

Così Crocco già umile pastore
Dai briganti promosso generale
Sconta in galera lo già fatto male. »

Il lavoro, edito dal mio amico capitano Massa, sarà letto con grande avidità nella nostra provincia ed anche nelle altre limitrofe. Ed egli, il Massa, lo fa seguire da tante note che commentano lo scritto del bandito, lo chiariscono in molti punti oscuri, facendo la luce su altri evitati dal Crocco con arte e raffinata menzogna. La lettura della autobiografia, non stanca, anzi appassiona, perchè, come ho detto, contiene pagine splendide, episodi sorprendenti, determinazioni e provvedimenti istantanei per la difesa, considerazioni sociali, e più di tutto ironia lenta, continua, caustica, ma qualche volta volgare pel caduto governo borbonico. Ed egli, mentre non fa nomi, pure bolla di fiere parole i colpevoli ed i tristi che lo incoraggiavano alla reazione, che iniziarono con lui pratiche perchè colle sue bande sollevasse le popolazioni, che ricevettero da lui migliaia e migliaia di scudi segretamente ed afferma che potrebbe con una parola fare arrossire molti di vergogna. E mentre ha parole così roventi, si arresta, e, fedele al giuramento fatto sulla memoria di sua madre, dice: « Non si allarmino i compromessi, io non parlerò, i loro nomi moriranno con me.» E mantiene la promessa, perchè, come ho detto, il Crocco non fa nomi.

Nella invasione di molti comuni, nei quali si crede veramente un generale, emana ordini, minaccia confische, nomina sindaci, capi-urbani, ma non tralascia mai il furto. Occupa sempre la casa dei Signori, nei quali, se fa salva la vita, non lascia il ricatto. È il vero caso di dire: « Grattate il russo e troverete il cosacco.» Ed egli contorna spesso di generosità la ladroneria e la giustifica, ora colla necessità dell'impresa, ora per volere della masnada.

Eppure le sue prime condanne furono sempre per furto; e perciò egli non potè fare ed avere grandi proseliti. La bandiera borbonica copriva quella della ladroneria, quella degli incendi, delle stragi, delle devastazioni, e se nei primi momenti, invadendo comuni, potè far credere che il Borbone rientrava colle armi austriache, se potè per un pezzo trovare protezione presso coloro che dei Borboni erano creature, quando tale credenza e speranza svanirono, dell'uomo politico non rimase che il feroce bandito ladro.

E doveva perciò come tale, finire. E sarebbe stato realmente fortunato, se una palla gli avesse fracassato il cranio in uno dei tanti combattimenti successi nell'inizio delle sue gesta, perchè sarebbe morto, se non con onore, almeno circondato da una leggenda di coraggio e di fede verso un re caduto. Ed egli, quasi ad aggraziarsi l'animo dei lettori, rinnega nella sua autobiografia, scritta circa trenta anni dopo, quella leggenda di fede al Borbone per la quale in molti paesi fu principe e dittatore per poco tempo, come giustamente dice il Panirossi.

E quando egli oggi stesso la deride, delle sue gesta passate non restano che le memorie di un ladro feroce, di un assassino volgare.

In questa mia pubblicazione non scendo al dettaglio di tutte le gesta del Crocco, nè potrei accettare i tanti racconti che egli fa dei vari scontri avvenuti con truppe o nazionali, giacchè molti di questi da lui narrati, non mi sono risultati da documenti o notizie assunte, ed altri, se anche veri, sono completamente esagerati e descritti come realmente non avvennero. Perciò io mi limito ai fatti principali, ed a quelli che mi risultano da documenti scritti, da corrispondenze dei giornali dell'epoca, da persone ancora viventi, e soprattutto dai miei ricordi, che costituiscono una vera ed esatta cronistoria del brigantaggio nelle nostre contrade. Ho voluto rintracciare e rilevare i fatti più salienti del bandito, non senza presentarli con tutte quelle circostanze di tempo e di luogo che li accompagnarono. Io parlo del Crocco sotto il punto della sua delinquenza, e non nei fattori della stessa, e lascio che altri, di me più competenti, potessero studiare l'individuo dal lato di psichiatria forense.

E se un giorno potrò rendere di pubblica conoscenza tutti i moti del Melfese, mi sarà forza ritornare sul lavoro del Crocco e smentire le tante bugie, da lui, con ridicolo sussiego scritte, addebitate a comuni, a famiglie, a nomi completamente estranei alla cospirazione borbonica, e che furono coinvolti per opera di tristi e di invidiosi, i quali delle patrie libertà vollero fare un previlegio di setta a solo ed esclusivo loro tornaconto, manomettendo ogni sentimento di amore e di uguaglianza, in nome delle quali si era compiuta la rivoluzione. Che anzi in molti paesi, la prepotenza di questi Signori, la vendetta di vecchi rancori, la cupidigia di arricchire o di disoneste ed erotiche conquiste, furono spesso e molte volte causa non lieve delle turbolenze, delle reazioni del brigantaggio. Ed erano tanto più tristi, in quanto compivano in nome della libertà, furti, azioni turpi e colpose, contornandole con un miserabile ed infelice riverbero di orgoglio col darsi a credere liberali, e che costituiva loro una corazza sicura per potere impunemente delinquere, e forse anche sbarazzarsi di ostacoli per le loro perverse e disoneste ambizioni. Ed io ho potuto raccogliere notizie non poche, e sapere da feroci banditi che essi si erano dati alla campagna, che erano diventati assassini e briganti proprio per vendicarsi di prepotenti signori, che avevano loro insultato l'onore, la santità della famiglia. Ed in Melfi è ancora vivente uno che fu dei più feroci, che ha scontato 24 anni di carcere, e che si era dato al brigantaggio a solo scopo di vendicarsi dell'onore oltraggiato.

Per ora mi limito, con la presente pubblicazione, a contrapporre alle asserzioni del bandito, la narrativa dettagliata delle sue gesta, dei suoi delitti, delle sue vittime cadute sotto il coltello, o le palle del masnadiero, senza alcuna delle splendide illusioni che la guerra presta per fino alla morte. « Mi sono accinto a far scorrere torrenti di sangue, egli dice a pag. 22, e vi sono riuscito a meraviglia.» Eppure pei tanti spenti nel fiore della loro esistenza, non un accento di dolore, non un atto di sconforto venne a turbare la coscienza di queste regioni, le quali, se non deposero sugli uccisi una corona verdeggiante in eterno, certo avranno perennemente scolpito nell'amore e nella memoria, il nome dei martiri.

E tutto io narro a base di documenti ricavati e rintracciati nel grande Archivio provinciale di Potenza.

Melfi, 12 aprile del 1903.
BASILIDE DEL ZIO

CAPITOLO PRIMO

Crocco soldato e disertore – Menzogne – I primi delitti –
Condanna – Evasione dal Bagno di Brindisi – Latitanza –
Insurrezione di Potenza – Servizi resi alla Giunta
Insurrezionale – Ordine di arresto – Ritorno ai boschi –
Riunione in Lagopesole – Invasione e reazione nel Melfese –
Vittime – Primi attacchi con nazionali e truppe – Gli sban-
dati – Il generale Della Chiesa – Il prefetto De Rolland –
Ricatti e sevizie.

Da una raccolta di memorie circa la reazione del 1861 ed il brigantaggio nel Melfese, dai volumi esistenti nell'Archivio di Stato di
Potenza, da molte altre notizie desunte da scrittori contemporanei, e
nella mia qualità di medico, da 32 anni, dei distaccamenti militari di
Melfi – onde conosco buona parte della ufficialità dell'esercito qui
distaccata con tanti e tanti reggimenti – posso rendere di pubblica
conoscenza le gesta compiute da Carmine Crocco Donatelli, di
Rionero in Vulture, durante le reazioni ed il brigantaggio svoltisi
nelle nostre contrade, dall'aprile 1860 a tutto il 1864. E colgo l'opportunità della presente pubblicazione, ora che il mio amico Eugenio
Massa, capitano nel 57° fanteria, ha dato alla stampa il lavoro: *Gli
ultimi briganti della Basilicata*, e del quale la prima parte, che costituisce l'autobiografia del Crocco, scritta dal bandito, è non senza pec-
che e non senza mendaci. Egli narra a suo modo, e, quantunque nel
primo capitolo « L'Infanzia » inizia il suo lavoro col dire: « Da questo
mio scritto non aspettare cose che l'anima dell'uomo si rallegri, ma
bensì dovrà rattristarsi ed inorridire » pure egli travisa molte circostanze, esagera e diminuisce le altre, snatura molti fatti, e cerca, in
ispecie per quelli più brutali e feroci, contornarli di attenuanti, per
apparire nel suo scritto quello che egli realmente non fu.

Questa mia pubblicazione non ha altro scopo, se non mettere completamente sott'occhio tutto il danno causato dal Crocco, e, quantunque la narrativa delle sue gesta sia cosa vecchia e da altri molto ben
fatta pria di me, pure io ho creduto raccoglierla in un unico lavoro,
per maggiormente vagliare tutti i suoi racconti e le tutte sue ferocie.
Ed i miei concittadini, e coloro del Melfese che avranno letta l'autobiografia del Crocco, se vorranno concedermi la benevolenza e l'ono-

re di leggere questo mio scritto, si persuaderanno non esser vero l'asserto del Crocco a pagina 39, e cioè ch'egli « sperava sorgere a vita nuova, riacquistare quella libertà perduta per l'onore della famiglia » ecc. ecc., ed acquisteranno il convincimento che per Crocco non vi era altra bandiera se non quella del furto, sempre il furto, e non altro che il furto.

Il brigante politico è una menzogna, giacchè pel re espulso egli non ha se non la bassa ingiuria e la villana impertinenza.

Ciò premesso, passo alla narrativa dei fatti.

Il capitano Massa, in data 24 aprile 1902, mi scriveva: « Il Crocco nella sua autobiografia dice che il 19 marzo 1849 andò soldato, e che prestò servizio per 42 mesi.

Egli soggiunge che da Gaeta ove trovavasi di guarnigione, ebbe notizia che certo don Peppino......... di Rionero, avesse cercato sedurne la sorella, e che a tale notizia divisò disertare. " Avevo una pendenza di onore, continua il Crocco, la risolsi con una sfida al coltello e poscia fuggii da Gaeta, riuscendo a giungere incolume a Rionero, dove uccisi il seduttore di mia sorella. "»

Ed il Massa, ben a ragione, diceva essere questo un punto oscuro del Crocco, e dallo studio del processo e dalle notizie assunte dai contemporanei del suo paese, come nel Municipio, mi è risultato essere completamente falso. È un'asserzione gratuita del bandito, che, per non classificarsi ladro, e condannato come tale, inventa una storia di onore, la crea con tutte le forme della fantasia, la dipinge minutamente e cerca contornarla talmente bene da crederla quasi egli stesso. E si appassiona a questa sua credenza, e la costituisce come base di tutti i suoi delitti.

Ed infatti, nei duecento e più volumi depositati nel grande Archivio di Potenza, e che riguardano il brigantaggio, la reazione del Melfese, e soprattutto le gesta del Crocco, al volume I, anno 1861, pagina 7, si trova la seguente deposizione, che porta la firma del Crocco:

« Giudicato Regio di Cerignola, N. 126. L'anno 1861 il dì 31 gennaio in Cerignola. Noi Francesco Racchia, giudice Regio di Cerignola, ad oggetto di procedere all'interrogatorio dei due arrestati, come dal precedente verbale, ci siamo recati nelle prigioni di Cerignola, ecc. ecc.

Ed il primo ha detto chiamarsi Francesco Libutti fu Michele. Interrogato perchè arrestato, risponde ignorarlo, ma stretto ripetutamente da me giudice, e manifestatogli come egli mentiva il suo

nome, ha finalmente dichiarato che il suo vero nome è Carmine
Crocco Donatelli, figlio di Francesco, soprannominato *il Capraro di
Rionero*.

Che da marzo del decorso anno evase dal bagno penale di Brindisi,
ove stava da 6 anni, espiando la pena di 18 anni di ferri, ai quali fu
condannato dalla Gran Corte criminale di Potenza, per l'omicidio da
lui commesso in persona di un forastiere, se mal non ricordo, un tale
Nicola Maria di Michele, da Monteverde.»

E dopo altre dichiarazioni di poca importanza, vedesi la sua firma
a grossi caratteri « Carmine Crocco ».

Ma di fronte a quella deposizione, dal registro della Gran Corte criminale, n. 12, distretto di Melfi, risulta al n. 5312: Crocco Carmine
Donatelli, di Francesco, di anni 23, contadino di Rionero; furto di 2
cavalli ed altri oggetti del valore di ducati 144 e 70 grane, qualificato
per la violenza, luogo e valore in danno di Giuseppe Nicola Lettini,
da Trani, e Giovanni Pugliese, da Venosa, accompagnato da percosse
in persona di Lettini, commesso il 2 maggio 1853 in tenimento di
Lavello.

Al detto numero: furto di un cavallo e ducati 10, qualificato per la
violenza e pel luogo, in danno di Benedetto Spaducci, da Maschito,
commesso il 3 maggio 1853 in tenimento di Montemilone.

Furto qualificato per la violenza e luogo, accompagnato da violenza
pubblica in danno di Lorenzo Coletta, di Bella, commesso il 5 settembre 1852 in quel tenimento.

Furto qualificato per la violenza e luogo, accompagnato da violenza
pubblica in danno di Antonio Capuano ed altri, commesso l'8 maggio 1852, nel tenimento di Bella.

Tentato furto di un cavallo a danno di don Giovanni Giudice, da
Melfi, in data 12 giugno 1853.

Tutte queste imputazioni furono ritenute, come vedesi al volume II
degli Atti, dalla Gran Corte speciale della Basilicata, la quale, ad unanimità, dichiarò sussistere la competenza speciale nella presente
causa.

Ed applicando gli articoli 419, 421, 423, 147, 149 leggi penali,
condannò il nominato Carmine Crocco alla pena di anni 19 di ferri,
alla malleveria di ducati 100 per anni 3 successivi dopo espiata la
pena, ed alle spese del giudizio.

Tale condanna è divenuta esecutiva perchè pronunziata dalla Gran
Corte speciale. Potenza, 13 ottobre 1855.

Sicchè, l'asserto di avere ucciso un tal don Peppino...... di Rionero, per vendicare l'onore della sorella, e l'altro di avere ucciso un Monteverdese, come dichiarò al giudice di Cerignola, restano completamente sfatati dai reati di furto dal Crocco commessi. E mentre egli era nel bagno penale di Brindisi per espiare la pena inflittagli, tentò evadere da quelle carceri nella notte del 19 luglio 1856, e venne per tale novello reato condannato dalla Commissione militare di Brindisi, nel 2 ottobre 1856, ad un anno e mezzo di aumento di pena.[1]

E come il Crocco evase dal bagno penale di Brindisi con altri detenuti il 13 dicembre 1859, così evase anche dal carcere di Cerignola nella notte dal 3 al 4 febbraio 1861, facendo un foro nella volta della prigione, e poi precipitandosi da un secondo piano. E ciò risulta dagli Atti conservati nell'Archivio provinciale, vol. I, misfatto n. 8.

Durante tutto l'inverno, egli si tenne nascosto, ora nella foresta di Monticchio, ed ora nel bosco di Lagopesole. Giunta la primavera, divenne capo di una prima banda, formata quasi tutta di coloni del bosco Lagopesole, ed ai quali si unirono poi Vincenzo Mastronardi, di Ferrandina, e Michele De Biase, di Ripacandida.

Intanto si avvicinava il momento della insurrezione in Basilicata. Garibaldi era stato vittorioso in tutta la Sicilia, ed era prossimo lo sbarco sul continente. E sin dal 6 agosto 1860, da Messina aveva diretto il famoso proclama alle popolazioni del continente napoletano.

Potenza insorge il mattino del 18 agosto, e quanti erano atti alle armi, sono sulle mura o sulle barricate: « Le scariche per breve tempo si confondono e si ripetono; poi qua e là si sentono colpi sparpagliati ed interrotti, e poi si vede gente che si disperde, fugge o si nasconde. E gente che insegue, spara, ed arresta; si odono grida di strazio, di morte e di feriti, e poi gridi di vittoria, di gioia e di entusiasmo. La rivoluzione trionfa, onore ai prodi, gloria ai martiri della libertà ».[2]

E fra gl'insorti vi era Crocco coi suoi compagni, sperando così di farsi perdonare le passate colpe. Ed il Crocco, il Mastronardi, il Ninco-Nanco, ed altri sette masnadieri, avevano avuto dal Governo insurrezionale cavalli ed armi, quelle armi che poscia portarono la strage ed il fuoco nella povera Venosa ed in cento altre terre vicine.[3]

---

[1] Processo Crocco. Atto di accusa.

[2] Riviello: *Cronaca potentina*, pag. 207.

[3] Processo Crocco. Carico 10 ed 11. Dichiarazione del capitano Carmine Siviglia, di Ferrandina.

E realmente, il colonnello Camillo Boldoni, o per prudenza, o per necessità, aveva dato loro promessa della libertà e del perdono. Infatti il Crocco fu messo a servizio del sotto-prefetto di Melfi, signor Decio Lordi, e come risulta dalle testimonianze del professor Luigi Rubino e canonico Giuseppe Bergamasco: « egli, il Crocco, si mostrava con entusiasmo attaccato al nazionale risorgimento, ed adempiva con zelo ed esattezza gli ordini superiori nel servizio che gli si affidava delle perlustrazioni, che in quel tempo, sia di giorno, che di notte, di continuo facevansi nell'interesse della sicurezza pubblica, affine di prevenire l'aggressione e le marce della colonna Fiore, che aggiravasi verso i piani di Cerignola».[4]

E con tali servizi, a disposizione delia Giunta insurrezionale del Melfese e del sotto-prefetto, il Crocco rimase in Melfi per circa due mesi, non molestato da alcuno, anzi protetto dalle autorità che si servivano del suo coraggio e della sua forza in ogni ricorrenza.

Ma questa tranquillità del Crocco doveva durare ben poco, ed infatti il Procuratore generale di Potenza, in data 5 settembre 1860, dava ordine al giudice di Barile di istruire contro Carmine Crocco Donatelli, per sequestro e ricatto del signor Michele Anastasia di Ripacandida, da lui commessi e dai suoi compagni il 14 luglio 1860.

E quel giudice, a nome Francesco Paolo Bonfanti, meravigliandosi dell'ordine ricevuto, prima di metterlo in esecuzione, credè opportuno far notare al Procuratore generale, come il Crocco e compagni avevano ottenuto dal colonnello Boldoni la libertà, e che prestavano utili servizi alle autorità del Melfese. E termina un lungo rapporto con le seguenti parole:

« ......Tanto premesso, ho creduto del mio dovere, il tutto assegnare alla di Lei Autorità, pregandola compiacersi dirmi il come regolarmi in tale bisogno, mentre parmi non potersi procedere contro il Crocco e compagni, stante l'assegnata posizione, e che tali individui si trovano presentati ed a prestare servizio dietro ricevuta d'assicurazione.»[5]

Dopo questa ponderata risposta del giudice di Barile, non più dal Procuratore generale, bensì dal capo della provincia, gli si mandò il seguente ufficio:

[4] Processo Crocco. Carico 10 ed 11. Testimonianza Rubino-Bergamasco.

[5] Processo Crocco. Requisitoria del Procuratore generale Borelli.

« Potenza, 17 settembre 1860.
Signore,
Ho letto il suo rapporto dell'11 volgente mese, n. 475, ed in riscontro le manifesto che in mancanza di legale disposizione del Governo prodittatoriale a favore degli imputati Crocco ed altri, Ella deve istruire regolarmente a carico dei medesimi, per quindi tenersi conto dei loro servizi a tempo debito.
Pel Governatore Generale
G. RACIOPPI.» [6]

Venuti a conoscenza di ciò Crocco ed i suoi compagni, risoluti ed audaci tornarono ai boschi, ripigliando l'antica vita dei masnadieri, perchè, al dire di Crocco, non essendosi attenuta la prima promessa fatta loro dal Boldoni, non si potevano fidare della seconda, accennata dal Racioppi.[7]

Ed il Crocco, nel suo interrogatorio, si esprime proprio coi seguenti termini:

« Avendo saputo che contro di me e di altri si era spiccato mandato di arresto dalle autorità italiane e che non si volevano tenere in conto i nostri servizi, io ed altri cinque o sei compagni, e forse anche più, ci eravamo ricoverati nella casa di don Giuseppe Alamprese, nel villaggio di Ginestra, e non avevamo preso alcuna determinazione sul da farsi. Nel giorno 7 gennaio sapemmo che da Melfi doveva venire della forza contro di noi; e col fatto, nel giorno seguente, osservammo che veniva un distaccamento di guardia mobile dalla strada che da Barile mena a Ginestra. Alcuni dei compagni proponevano di doversi far fuoco contro costoro, ma questa proposta non fu accettata dalla maggioranza. Si deliberò invece di prendere la volta dei boschi, per la quale ci avviammo. Lungo la strada incontrammo il signor Pasquale Anastasia. Allora uno dei compagni, forse Ninco-Nanco, profferì queste parole: " Il Governo italiano ci manda contro la forza a perseguitarci; ebbene, facciamogli vedere sin da oggi che noi non intendiamo di prestargli obbedienza. "

Così sequestrammo il signor Pasquale Anastasia, e da quel giorno, dichiarata la nostra inimicizia al Governo, noi proseguimmo

---

[6] Processo Crocco. Requisitoria Borelli.

[7] Riviello: *Cronaca potentina,*

nella via del brigantaggio.»[8]
Intanto il partito borbonico si agitava e mise subito a profitto questo primo nucleo di briganti. Non era la prima volta che i Borboni si fossero serviti dei briganti. È fatto ormai passato nel dominio della storia l'impresa del cardinale Ruffo nel 1799, e tutto quanto successe nel regno di quell'epoca.

«Passando sopra ogni legge morale, scrive il professore Nitti, i Borboni osarono scegliere come cooperatori i banditi più infami; alcune belve crudelissime ebbero grado di Colonnello e di Generale, titolo di Marchese o di Duca, e laute pensioni, ebbero l'amicizia del Sovrano ed attestati di pubblica stima. È una non interrotta serie di fatti di tale natura, la quale va dai mostri della reazione del 1799 a Giosafat Talarico, ed ancora più tardi ai tentativi di reazione posteriori al 1860. E come fu per Mammone e Fra Diavolo, premiati dal Re e trattati come amici, così fu per molti altri, diventati ricchi e potenti, destinati ad occupare alti gradi, ed imporsi agli uomini onesti. Francesco II tentò di salvarsi nel 1860, impiegando la stessa politica che più di 60 anni prima aveva salvata la Corona del suo bisavolo.

Egli ed i suoi, prima di andar via, gittarono in fiamme il Reame. L'esercito disciolto proprio come nel 1799, fu il nucleo del brigantaggio, come la Basilicata ne fu il gran campo di azione. Anche allora uomini di fede pura, lasciarono la vita miseramente.

I briganti entrarono nelle borgate e nelle città; ebbero i loro generali, i loro capi, i loro protettori, i loro sfruttatori. Fu l'esplosione di tutti gli odii, fu il divampare di tutte le vendette. Sopra tutto nel sorgere del brigantaggio, nel Nord-Est della Basilicata, fra i trucidati, furono alcuni uomini che erano per la virtù della vita, e la nobiltà delle idee, onore della loro terra.[9] Il popolo non comprendeva l'unità e credeva che il Re espulso fosse l'amico, e coloro che gli succedevano, i nemici. Odiava sopra tutto i ricchi e riteneva che il nuovo regime fosse tutto a loro beneficio.

L'Italia nuova non ha avuto ancora il suo Manhes, ma le persecuzioni sono state terribili, qualche volta crudeli. Ed è costata assai più perdita di uomini e di danaro la repressione del brigantaggio di quel che

---

[8] Processo Crocco. Interrogatorio dell'accusato.

[9] Allude alla venerata memoria del suo illustre avo dott. Francesco Saverio Nitti, trucidato dai briganti in Venosa, come dirò più avanti.

non sia costata qualcuna delle nostre infelici guerre dopo il 1860.» [10]
E Crocco stesso lo confessa:
« Fui chiamato, egli dice, in segreto, da talune persone ch'io non nomino, perchè sarebbe inutile nominare essendo talune di esse già morte, e le stesse mi invitarono a prendere parte ad una contro-rivoluzione borbonica che mi assicuravano di essere già preparata. Nello stato di esasperazione d'animo in cui io mi trovavo, commisi la debolezza di accettare la proposta. Accettai la proposta nel mese di marzo, ed ero pronto alla prima chiamata. All'uopo io era stato provvisto di 800 fucili e corrispondenti munizioni, di 800 berretti alla repubblicana. Nel 4 aprile vennero da Potenza in Atella un francese a nome Langlois, un capitano napoletano ed un tenente siciliano, i quali si spacciarono come propugnatori della contro-rivoluzione. Dal 5 al 7 aprile, si riunirono, previa chiamata, tutti i soldati sbandati che si trovavano nei diversi paesi, e così con una forza di quattro a cinquecento armati si potè dare opera alle reazioni nei diversi Comuni.
Fra le tante persone armate, di briganti antichi, ossia di briganti che avevano fatto i briganti prima delle reazioni, non vi erano che tre, io ed i miei due compagni. In prosieguo furono briganti anche tutti gli altri.» [11]
E così, dopo la gloriosa e splendida insurrezione lucana, dopo che la Basilicata fu prima fra le provincie continentali a proclamare la decadenza dei Borboni, per negligenza di governanti, e per opera di tristi nemici d'ogni progresso e nemici della patria, doveva essere, in molti suoi comuni, la prima ad inalberare novellamente il vessillo borbonico.
« Il segreto lavorìo di reazione, scrive il Riviello, veniva alimentato da ambizione e da sdegno di ricchi partigiani del Borbone, da impiegati destituiti, da militari sbandati, da prepotenze e molestie dei liberali, da disinganni e scontentezze di plebe e da consigli ed aiuti di comitati stranieri.»
E come la reazione facesse sede principale nel circondario di Melfi, istigata dalle più ricche famiglie dello stesso, io non ne parlerò qui, e perchè sono descritte e minutamente narrate nelle mie memorie inedite, e perchè forse per nulla giovar potrebbero al presente lavoro.

---

[10] *Il brigantaggio meridionale.* Conferenza del prof. Francesco Saverio Nitti.

[11] Processo Crocco. Interrogatorio dell'accusato.

Però, siccome protagonista principale della reazione era sempre il Crocco, e del quale principalmente si occupa il capitano Massa, così io credo necessario accennare a larghi tratti l'inizio della stessa, le invasioni, gli incendi, i furti, per indi poi dalla lotta nei comuni, scendere al dettaglio dei fatti d'arme successi tra le bande brigante-sche e le truppe: notizie in parte da me precedentemente raccolte, ed in parte ricavate dai volumi della reazione del Melfese, esistenti nell'Archivio di Stato in Potenza.

Il Crocco dunque, forte di circa 500 uomini, fra sbandati dell'esercito borbonico, e contadini Aviglianesi, alzò il primo grido di reazione e di « Viva Francesco II » il 7 aprile 1861 nel bosco di Lagopesole, spacciandosi per Generale del Re con pieni poteri. In quel giorno medesimo cominciarono le prime fucilate tra la guardia nazionale di Avigliano, comandata da don Nicola Telesca e don Camillo Stolfi, e la banda dei ribelli, comandata dal Crocco. E la stes-sa sera del 7, questo primo sollevamento, questo primo passo della reazione, erano noti a Potenza ed a Melfi, ove le autorità erano impre-parate e deboli, e dove non esisteva un solo uomo di milizia regolare. Certo se questo primo sollevamento fosse stato represso e distrutto, non avremmo avuto per cinque anni la piaga del brigantaggio e tante vittime cadute.

Ma prima che la milizia del battaglione lucano, partita da Potenza, e la guardia nazionale di altri paesi giungessero a Lagopesole, i brigan-ti avevano già invaso Ripacandida. Quivi, come io narro altrove, suc-cessero incendi, assassinii, furti, imposizioni, disarmo. Il capitano della guardia nazionale, signor Michele Anastasia, il quale fece resi-stenza all'orda brigantesca, venne barbaramente ucciso, nel mattino del giorno 8, mentre nel paese si suonavano le campane a festa, inal-berando la bandiera borbonica, e proclamando la restaurazione di Francesco II.

E tutto questo tra cerimonie di chiese, disarmamento di cittadini, grida feroci di plebaglia, saccheggio di case e di granai e taglie gravo-se contro i liberali.

Alla reazione di Ripacandida seguì quella del villaggio di Ginestra, ed il Crocco, fatto più audace, fidando sempre in favorevoli e subita-nei perturbamenti di plebe, si volse ad assalire l'antica e gentile Venosa, ove giunse la mattina del 10 aprile 1861.

Ma prima che le orde brigantesche del Crocco, detto « il Generale », prima che Mastronardi, La Rotonda e Ninco-Nanco, colonnello, tenente colonnello e maggiore, arrivassero in Venosa, i contadini, fuggendo precipitosi e spaventati dalla campagna, rientrarono in città gettandovi l'allarme e lo scompiglio.[12]

E dalla relazione del vice pretore signor Frusci, diretta al Procuratore generale in Potenza, in data 15 aprile 1861, emerge chiaro come i tristi avvenimenti di Venosa occuperanno una lunga e luttuosa pagina di storia. A nulla valse l'eroismo di molti cittadini, a nulla le barricate costruite a difesa. Il fuoco era impegnato tra assaliti e assalitori, ma ben presto i primi dovettero cedere e ritirarsi dinanzi al numero dei masnadieri. Questi erano capitanati da Carmine Crocco e da Vincenzo D'Amato, e formavano un insieme di oltre 700 individui, dei quali circa 300 armati di fucile, e gli altri di scuri e ronche; e tutti erano Aviglianesi, Ripacandidesi, Ginestrali, Barilesi, Rioneresi, e venivano scortati da una trentina di Venosini, andati a chiamarli.

I briganti trovarono resistenza alla barricata di Porta Fontana e del Castello, girarono per la contrada detta S. Nicola, e quivi gli abitanti si diedero a chiamarli, e fornendo scale ed altri aiuti, fu loro agevolata l'entrata. Appena essi furono in Venosa, tutti i contadini ed altri abitanti insorsero e venne proclamato re Francesco II.

Ciò che successe, quali saccheggi, morti e furti, quali gli autori più responsabili di tanta sventura, è descritto altrove: *Reazione del 1861*. Crocco rimase in Venosa tre giorni, mettendo a ruba le pubbliche casse e le case di parecchi cittadini. Non voglio però lasciare Venosa, senza riprodurre qui le notizie circa le vittime, che io, per esteso, ricavo dalle mie memorie. In Venosa furono barbaramente trucidati tre individui. La casa, direttamente ed immediatamente presa di mira, fu quella del venerando patriotta dottor Francesco Saverio Nitti, nonno dell'attuale illustre prof. Francesco Saverio, padre del garibaldino ed indefesso persecutore del brigantaggio, signor Vincenzo Nitti. Non la ricchezza incoraggiò il sacco ed il fuoco contro casa Nitti, ma esclusivamente il colore politico. Il Nitti non aveva nemici, anzi era popolarissimo e rispettato, ma questo non lo salvò dalla premeditata strage.

Ed il vice pretore Frusci, nella relazione sui fatti di Venosa, diretta ai Procuratore generale in Potenza, così si esprime riguardo al Nitti: « Veniva qui designata a maggior vendetta la casa del medico dott. Francesco Nitti, i cui figli si erano mostrati molto entusiasti nel nostro politico risorgimento. Ai colpi di scure per aprire la porta, si

---

[12] CAMILLO BATTISTA: *Reazione e brigantaggio in Basilicata.*

faceva sulla soglia il venerando vecchio ed in un subito veniva pro-
strato al suolo con un colpo di scure sulla testa, accompagnato da
colpi di fucile e restava cadavere. Gli fecero le maggiori sevizie, e si
depredò quanto nella casa si trovava.»

Il saccheggio di casa Nitti, naturalmente, eccitò l'istinto di rapina
degli invasori e della plebe, e fu così che altre case, delle quali si occupa anche la relazione Frusci, vennero assalite a fin di bottino. Il signor
CAMILLO BATTISTA nel suo libro: *Reazioni e brigantaggio in Basilicata*,
espone minutamente i fatti di Venosa, e addita le persone e i fattori
principali della reazione, dei quali mi occupo anch'io nelle mie
memorie.

Il secondo ucciso fu un certo Antonio Ghiura, un uomo onesto e
buon agricoltore. L'orda brigantesca si era fermata circa un chilometro da Venosa, forse in attesa di ordini e di notizie dal paese. Al
povero Ghiura, che si recava in campagna, imbattutosi in quegli
armati, fu intimato il solito «Chi Viva» ed il poveretto, scambiando-
li per guardie cittadine, rispose «Viva Garibaldi» al cui incosciente
grido seguirono le fucilate che lo freddarono.

Al contrario poi, il giovanetto Montrone fu scannato esclusivamente a scopo di furto. Suo padre era orefice, e per precauzione aveva
nascosto il suo capitale. I briganti trovarono in casa solo quel giovanetto, che non seppe indicare dove si trovavano gli oggetti preziosi.
Riuscite vane le minacce, e delusi pel non ritrovato bottino, quei
delinquenti lo uccisero per brutale malvagità. Potrei dire altre cose sui
fatti di Venosa e specialmente sull'opera eminentemente patriottica
della famiglia Nitti, ma mi allontanerei dal mio obbiettivo, tanto più
poi che di tutte le gesta delle reazioni mi occupo altrove. Ho voluto
ricordare il dott. Nitti che fu gloria di Venosa, e che fu la vera vittima del brigantaggio politico.

Dopo il saccheggio, incendi ed assassinii di Venosa, il 14 aprile
1861, le bande brigantesche assalirono Lavello, ove, aiutati dalla
plebe, commisero le solite tristi scene di reazione e di rapina. Ma il
pensiero di Crocco e di tutti i capi della reazione era Melfi e Rionero.

Trionfata qui, potevano espanderla nella provincia e nelle altre circostanti. Certamente l'orditura di tali sollevamenti fu preparata di
sottomano nei paesi del circondario, ove Crocco ebbe nascita, amicizie e protezione. Ed infatti, il 15 aprile di detto anno, Crocco, con un
numero immensamente maggiore di quello che assalì Venosa, si
diresse alla volta di Melfi, la quale, sin dal 12 aprile, si era sollevata,
e propriamente nel veder partire il sotto-prefetto signor Decio Lordi,

mandava le forze disponibili, formate da 65 dei più ardenti patriotti, comandati dal capitano della guardia nazionale signor Gaetano Araneo, e dal fiore della cittadinanza liberale, verso Rionero, per sedare e vincere la reazione di Ripacandida. La sera del 15 aprile Crocco entrò in Melfi. In che modo e come fu ricevuto, non è questo il luogo di descriverlo, avendo solo nel presente scritto l'obbiettivo di seguire Crocco dalla diserzione di Gaeta sino alla pena di morte; di seguirlo nelle sue invasioni, nei suoi saccheggi, nei suoi incendi, negli attacchi con le truppe. Di questi fatti continuo ad occuparmi, perchè tutto il resto fa parte del lavoro inedito, e nel quale rilevo le calunnie, le spudorate menzogne da lui scritte nella autobiografia sul conto dei Melfitani, e il modo come egli entrò in Melfi.

Solo qui, per debito di giustizia e per la verità, sento l'obbligo di dire che in Melfi non vi furono vittime, e che se il signore, presso il quale Crocco ed altri erano ospiti, avesse ascoltato dei consigli a lui dati, il mattino del 17 aprile 1861, Crocco ed i suoi si sarebbero trovati cadaveri in quella casa.

Ma egli non volle accettare di far compiere l'assassinio nel suo palazzo, tanto più che, avendo egli celeremente interrogato, con un corriere a nome Angelone, un suo intimo amico di Rapolla, questi gli rispose: « Forse vi salvereste, ma sareste sempre un complice di assassinio di dormienti ». E quel signore, che da oltre un ventennio dorme il sonno della morte, e che era un uomo studioso, dovè in quei tristi momenti ricordare Macbeth e Re Duncano: « Tu più non dormirai, Macbeth... Macbeth non uccidere il sonno... l'Oceano intero potrà egli lavare questo sangue e cancellarne l'impronta? » Ed egli inorridì a compierlo ed i capi di quei tristi, che erano Crocco, Ninco-Nanco, Romaniello, Caruso, D'Amato, il francese Langlois ed altri, furono salvi. Crocco, con onori sovrani, rimase in Melfi tre giorni, e ne uscì il giorno 18, dirigendosi ad invadere Monteverde, Carbonara, Calitri, in provincia di Avellino, portando da Melfi la somma di oltre ducati 30000.

Sulla invasione di questi comuni, credo fare cosa esatta riportare dal *Carriere Lucano*, anno I, n. 12, e dal giornale *L'Irpino*, una estesa e dettagliata relazione, datata Pescopagano 30 maggio 1861, e che porta la firma del signor Gaetano Laviano. Io la pubblico fra i documenti al n. I, ed i lettori ne vedranno l'importanza e l'esattezza dei giudizi dati sui fatti che narra, e sulle persone che li compivano. E avrò occasione di parlare più avanti di questo benemerito cittadino e dei servizi da lui resi alla patria ed alla causa nazionale. Del pari pubblico al documento n. II il proclama diretto ai cittadini di Melfi dal sotto-prefetto Decio Lordi, non appena rientrò in Melfi.

Intanto il Governo aveva già incominciato a spedire truppe ed il 2° battaglione del 30° reggimento fanteria, brigata Pisa, comandato dal maggiore Bergonzini, si diresse a Potenza, mentre due compagnie dello stesso, comandate dai capitani Di Gennaro e Tarugi, per la via Bella-Atella, giungevano a Rionero, ove trovavasi, col drappello delle guardie nazionali di Melfi, il sotto-prefetto signor Decio Lordi. Il mattino del 16 aprile, queste due compagnie del 30° con guardie nazionali di Sanfele, Muro e Bella attaccarono i briganti sulle alture di Barile. La lotta fu aspra e feroce perchè i briganti non cedevano, ma alla fine disfatti alle falde del Vulture, scesero, comandati da Luigi Romaniello, in Barile.

Allora il movimento politico degenerò in incendi, saccheggio, furti, rapine, poichè i briganti, riuniti a diversi paesani, incendiarono le case di don Pasquale Gioseffi, dei signori Cittadini ed altri; e quando la truppa discacciando i briganti occupò Barile, le case incendiate ancora fumavano, ed i morti e feriti furono non pochi. Su questo attacco, Crocco interrogato dal Presidente della Corte d'Assisie cav. Fava, rispose in questi termini:

« Nell'epoca da voi accennata (16 aprile) fu un fatto notorio che nei comuni di Barile, Rionero, Rapolla, Melfi e Ripacandida, le popolazioni erano insorte, siccome erano insorte le popolazioni di Lavello e di Venosa. Io mi trovava in Melfi, ove si era costituito un pasticcio di governo, nel quale ciascuno pretendeva di avere i primi impieghi, ed il capo Langlois era disperato di non poter accontentare tutti. Per lo che nel giorno 16 lo stesso Langlois spedì in Barile le bande comandate da Ninco-Nanco, La Rotonda, Romaniello e D'Amato, per impedire che i Regi (le milizie italiane cioè) vi fossero entrati. Durante quel giorno vi fu un accanito conflitto tra i Regi ed i briganti, che a vicenda, due o tre volte, rimasero padroni di quel comune, ove nella notte, furono commesse delle devastazioni e dei saccheggi. Io però trovandomi in Melfi, non presi, nè poteva prendere alcuna parte a quei conflitti ed ai fatti che ne susseguirono. Le devastazioni ed i saccheggi poi non furono commessi dai briganti, i quali non avrebbero avuto l'opportunità ed il mezzo di portare con loro le cose saccheggiate. Fu la plebaglia di Barile e di tutti gli altri paesi, in cui avvennero le reazioni, che, profittando della circostanza, saccheggiava, incendiava ed uccideva per isfogare inimicizie, le quali i briganti non potevano avere in paesi in cui non avevano alcuna relazione. Io sono sicuro che i testimoni degli stessi danneggiati non potranno in coscienza asserire di avermi visto.» [13] Ed è vero, perchè Crocco realmente rimase in Melfi, nella casa ove era ospite. E, quando nella sera, i briganti battuti a Barile rientrarono a Melfi, fu non lieve la sorpresa sua e dei protettori, vedere un zaino militare di cui si erano impossessati. L'astuto brigante capì subito che l'attacco non era stato solo con guardie nazionali, ma anche con regolari soldati, i quali da un momento all'altro sarebbero piombati a Melfi. Sicchè, non vedendo altri paesi insorgere, come il comitato borbonico gli aveva fatto credere, e temendo che sarebbe presto finito, pensò bene di abbandonare Melfi, la dittatura, la parodia di un governo provvisorio e si avviò nel giorno 18 aprile alla invasione di altri paesi, come Monteverde, Carbonara, Calitri, conducendo seco circa mille uomini, tutti armati di quelle armi portate dal Langlois, e di altre tolte nei disarmi di Venosa, Lavello e Melfi. Però in provincia di Avellino, non trovò gli elementi, le aderenze, le amicizie, le protezioni lasciate nel Melfese. Il brigantaggio si assottigliava di giorno in giorno, e le provincie limitrofe erano tranquille. Solo in alcuni punti del Gargano ed in S. Marco in Lamis vi fu reazione, ma questa venne subito repressa, perchè Crocco, dopo aver scorrazzato, per parecchi mesi, nel circondario di S. Angelo dei Lombardi, e nella parte alta del circondario di Melfi, commettendo sempre gli stessi saccheggi, furti ed omicidi, ed in ispecie a Ruvo e Castelgrande nel mese di agosto, ritornò nel bosco di Lagopesole con circa 400 briganti. Questo bosco era l'asilo sicuro di quei malfattori, come erano quelli di Monticchio, Castiglione, Frasca, Cisterna ed altri, e per contrario costituiva positivi impedimenti alla truppa, la quale era costretta attraversarlo, ora in salita, ora in discesa, ora tra burroni profondi, ora su colline erte e dirupate. «I briganti, scrive il tenente Bourelly, scelgono due o tre luoghi della cupa boscaglia, fra i dirupamenti cagionati dal rovinio delle rocce, del terriccio e delle acque, o su qualche rupe, coronata da masse sporgenti e coperta di folti roveti, ed in questi si celano anche all'occhio più aperto e diligente.»

Mai vi fu asilo più sicuro pei briganti, come il bosco di Lagopesole. E la stampa di quell'epoca, 1861, l'additava con raccapriccio alle autorità civili e militari: «In nome di Dio, scriveva il *Corriere Lucano*

---

[13] *Processo Crocco. Interrogatorio, carico 15.*

del 6 e 12 giugno, ricordiamo alle nostre autorità civili e militari, l'importanza terribile del Castello di Lagopesole. Quivi è il covo diletto dei briganti, i quali devono trovare tanto di protezione colà, presso quelle capanne, in quanto che ivi abita la famiglia del famigerato Ninco-Nanco. In nome di Dio, ripetiamo, si metta un presidio di forza, o non sappiamo cosa ne potrà avvenire.»

Intanto continuavano gli attacchi e da Potenza avanzava un battaglione del 40° regg. fanteria, unitamente a molti di milizia mobile, si scontrarono a poca distanza dal Castello di Lagopesole coi briganti tra il 14 ed il 16 giugno. Essi erano comandati dal Crocco in numero di cinque in seicento, la maggior parte dei quali a cavallo, e vi fu tale conflitto, fu così potente l'audacia brigantesca, che la truppa dovè arrivare sino alla baionetta. Dei briganti ne morirono 20, ed un prigioniero fu fucilato il domani ad Avigliano.

Questo fatto ed il numero sempre crescente delle bande brigantesche impensierivano le autorità locali, ed il terrore aumentava in queste contrade da un momento all'altro. Sicché fu necessità aumentare le truppe nel Melfese; ma mentre ciò succedeva, i briganti, del pari, crescevano di numero, e si aggiravano a migliaia nelle campagne e nei boschi; e quando i soldati andavano da un punto all'altro, da un paese ad altro, camminando incerti e non sicuri su vie ai comandanti ignote, fra gole, foreste e sentieri sconosciuti, i briganti invece, conoscendo bene le località, ed aiutati da spie, sapevano sorprenderli. E quasi non vi fu giorno, dai primi di settembre all'inizio dell'inverno 1862, che non succedeva un attacco. Importante, infatti, fu quello avvenuto nella masseria Gaudiano, in tenimento di Lavello, il 16 ottobre 1861. Questa tenuta, completamente piana, estesa per centinaia e centinaia di ettari, ricca di boschi sempre verdeggianti e ben conservati, si estende da un lato sin sotto Cerignola, dall'altro sin sotto Minervino e Lavello. Da questo paese erano usciti il 3° squadrone dei lancieri Milano, comandato dal capitano Mandini, un distaccamento del 62° fanteria agli ordini del capitano Morelli, ed una compagnia di guardia mobile. Sul fare del giorno, queste forze attaccarono parte della comitiva, la quale era in quei pressi di circa 150 briganti.

Le truppe, dopo aspro conflitto, sgominarono la numerosa masnada, inseguendola e taglieggiandola a colpi di sciabola sino al bosco Gaudianello, sicché 40 dei briganti caddero uccisi, oltre un numero di feriti e prigionieri, ai quali non si diede certamente perdono. E, fra i cadaveri, le truppe rimasero sorprese nel rinvenire una donna, la quale, mentre era vestita da uomo, conservava le chiome e le fattezze di bella donna, e si seppe che era, anzi venne riconosciuta per l'amante del brigante Caschetta, melfitano, il quale faceva parte della banda, conducendo seco la sua amante.[14]

Contemporaneamente, verso Venosa, succedeva l'altro attacco fra un drappello del 62° fanteria, guardia mobile, ed una masnada di briganti comandata dal Crocco, dei quali 7 morirono e 3, fatti prigionieri, furono subito fucilati.[15]

E mentre questi ed altri fatti succedevano nelle parti orientali del Melfese, nei boschi di Monticchio, Montesirico e Lagopesole, ne avvenivano altri. Lottavano disperatamente, e con tutte le forze di cui disponevano, bersaglieri, cavalleria Mennuni, lancieri Milano, ungheresi, guardie mobili, e cercavano in punti diversi di accerchiare i briganti, inseguirli e finirli.

Ma non riuscivano, anzi vi furono dei nostri parecchie vittime, mentre i briganti, dividendosi in più punti, e quindi dividendo la forza che l'inseguiva, potettero raggiungere l'interno dei boschi. E gli attacchi furono diversi, ripetuti, e siccome le truppe regolari erano di molto aumentate, così vi fu sensibile perdita da parte dei briganti.

Ciò non ostante, le bande si rifacevano, e presto, delle perdite, e mostravansi sempre più audaci, imperocchè di 2697 sbandati, richiamati con decreti del 20 dicembre 1860 e 24 aprile 1861, appena 687 se ne presentarono sotto le armi sino al 1° giugno 1861, e 606 dal giugno all'agosto di quell'anno; sicché più della metà si dette alla campagna, e di mano in mano vennero distrutti in tanti e diversi attacchi.[16]

In vista di questo numero sempre crescente di malfattori, il Governo spedì in Basilicata il generale Della Chiesa, il quale stabilì in Rionero il comando della 16ª Divisione attiva, comando che aveva colà il maggiore Guardi dei bersaglieri. Il primo atto del generale Della Chiesa fu quello di promettere salva la vita a tutti quei briganti che si fossero presentati, ed infatti parecchi se ne presentarono, ma non furono i capi; che anzi il Generale fu da essi ingannato. E quel Generale era tanto certo della presentazione di Crocco e di Ninco-Nanco, che giunse a darne assicurazione al Prefetto della provincia

[14] *Corriere Lucano*, 28 ottobre 1861.

[15] *Corriere Lucano*, 23 ottobre 1861.

[16] Panirossi: *La Basilicata*. Libro III.

signor De Rolland, e questo al Governo. E credendo il Della Chiesa di aver distrutto il brigantaggio nel Melfese, solo perchè ci fu un po' di sosta, verso la fine di ottobre, ritornò in Salerno. Ma il prefetto De Rolland, e più tardi il generale Fontana, come dirò più avanti, ben presto ebbe a convincersi dei sentimenti del Crocco, e della certezza che il Crocco nutriva di più estesi sollevamenti per rimettere sul trono il cacciato Borbone. Ed egli, il De Rolland, non avrebbe dovuto illudersi, perchè era stato avvertito, e già precedentemente conosceva le intenzioni del Crocco, il quale in data 12 agosto 1861, gli aveva scritto la seguente lettera, che io riproduco nel modo come l'ho ricavata e coi medesimi errori e turpiloqui:

« Al Signor, diceva l'indirizzo, L'Eccellenzo Cav. Giulio Rolland, di Torino, governatore della Provincia di Basilicata in Potenza.

Sig. Governatore. Il primo di quesso, vi ho diretto un'altro brevo, il quale non so se lo avete ricevuto e se l'avete ricevuto, non mi aveto risposto, siete un fesso, uno scellerato, un assassino più di me.

Mangiasive fesso del piemonte, imparati come si fa il magistrato altrimenti ti farò insegnare io, una cosa vi dico, pensa di farti una buona somma col fare ricatti a questi fessi di liberali del regno di Napoli affinchè non vado impreta la parola di Napoliono anticho il quale nel vespro siciliano disse così: Il regno di Napoli, deve essere poveri e cornuti, badate alle mie parole, che poco vi resta di galeare..... Mi soffermo
Carmine Donatelli Crocco. »

Altro quindi che presentazione aveva in testa il Crocco, altro che aver salva la vita, come aveva promesso il generale Della Chiesa. Crocco era padrone di vasta zona della provincia, aveva proseliti in ogni comune, era il terrore dei commercianti, ai quali ogni strada era chiusa, in ispecie per recarsi a Napoli, qualora Crocco non l'avesse permesso. E così pure accadeva pei grandi proprietari, o coloni di vaste ed estese masserie, ai quali un semplice biglietto del Crocco per aver denari, vitto ed armi, età più che sufficiente a gettarli nel terrore, e quindi accontentarlo per non subire incendi o distruzioni di animali, come pecore, vacche, cavalli ed altri. E questi biglietti-ricatti sono in parte esistenti in processo, in parte mi sono stati comunicati da egregi amici, della cui esattezza e verità non posso menomamente dubitare. Ed a titolo di curiosità e di scrittura, io li riporto in parte fra i documenti al n. III.

E gli ordini del Crocco erano imperativi, e se non eseguiti, la morte ed il fuoco erano la conseguenza. Ed i poveri proprietari, o dovevano sottoporsi alla volontà del bandito, e quindi passare il pericolo di essere fucilati dalle truppe come manutengoli dei briganti, o resistevano alle pretese del Crocco ed altri capi, e in questo caso la loro vita e la loro proprietà erano più che compromesse, distrutte. E come ho detto più sopra, nel processo Crocco si trovano parecchi di questi biglietti-ordini, tanto del capo brigante, come di altri. Nel volume 23, pag. 39, per es., se ne trova uno, diretto al signor Luigi Pastore di Melfi, cosi concepito:

« Sig. Luigi Pastore – Melfo – Pastore costà, subito la somma di ducati 400, ma col disbrigo, o fuoco.»

E nel suo interrogatorio, a pagina 40 a 43, riconosce ed accetta come suo il sopra detto ordine, come tanti altri a diversi proprietari. Ma in questi ricatti non era solo il Crocco ad ordinarli, anche Ninco-Nanco, Tortora, Palmieri ed altri ne facevano. E anzi il Crocco era molto più generoso, in ispecie quando i ricattati fossero state persone a lui note, o suoi benefattori. Ed infatti, nel carico 25 del suo processo, trovasi la deposizione del ricco proprietario di Atella, signor Pasquale Saraceno, e che è la seguente:

« Nel settembre del 1861, scendendo da Rionero per andare ad Atella, fui sorpreso da 37 o 38 briganti comandati da Ninco-Nanco. Non appena mi ebbero fra le mani, fui conosciuto, e come capitano di guardia nazionale fui catturato e costretto a salire il cavallo di un brigante, fui menato con loro. Ninco-Nanco cominciò a seviziarmi, strappandomi i peli dal mento, punzecchiandomi con la lama di un bastone animato ch'io portavo. Arrivato ad un punto si disse: " Ecco il generale ", e comparve Crocco.

Questi non appena mi vide esclamò: *Giusto voi mi siete capitato, ma non abbiate paura, quanto mi duole per quella povera signora quando appurerà tale sventura.* Voleva subito farmi restituire la giacca ed altre cose che i briganti mi avevano tolto, ma io l'impedii. Egli allora disse: *Bisognerà, quando sarete arrivato a salvamento, contentare questi straccioni.* Vi prego di farmene andare al più presto, prima che a mia madre giunga la notizia del ricatto. Crocco infatti prosegui a perorare la mia causa, promettendo che avrei mandato del denaro. Ninco-Nanco si opponeva ad ogni costo, allora disse: *Se non paga don Pasqualino, mi comprometto di pagare io.* Al che risposi anch'io a Ninco-Nanco, di non aver ragione a dubitare una volta che avevano a garanzia i miei fondi, in aperta campagna. Così Crocco in persona mi accompagnò per un buon pezzo, e mi disse: *Correte subito da vostra madre*. Mandai immediatamente ducati 200 a Ninco-Nanco, e siccome il brigante Coppa non ebbe niente di quella somma, Crocco mi scrisse: *Se volete che paghi io, sono pronto*. Allora spedii altra somma per il brigante Coppa.»[17]

Il Crocco, negli anni precedenti, era stato a servizio, infatti, come capraio, nella famiglia Saraceno, ed anche dal suo primo interrogatorio reso innanzi al giudice di Palliano al Forte, circondario di Frosinone, provincia di Roma, il 20 dicembre 1870, dice che molti ricatti, fra i quali quello a Luigi Pastore di Melfi, e di molti signori di Pescopagano, erano stati voluti da altri, ed in ispecie quelli al Pastore, domandati dal brigante Palmieri, cui il Pastore più volte non volle cedere.[18]

E così tra quelli fatti dal Crocco e quelli di altri briganti, i poveri proprietari si vedevano quasi distrutti nelle loro risorse e nei loro averi. E se fuggivano alle pretese, ai saccheggi, agli incendi dei briganti, ricadevano nel sospetto delle autorità militari, onde arresti e spesso fucilazioni.

Venuto l'inverno del 1861-1862, pareva che la reazione ed il brigantaggio non dovessero più rialzare il capo, ma fu grave errore per il Governo ed il Melfese il crederci, come vedrassi nel capitolo seguente. Ma pria di venire al racconto delle imprese di Crocco nel novello anno, credo opportuno rettificare un errore nel quale è caduto il Visconte A. De Poli.

Nella descrizione del suo viaggio, nel Reame di Napoli, riportata a pag. 368 del libro del signor A. INSOGNA, intitolato: *Francesco II Re di Napoli*, il Poli scrive così:

« Dal 23 al 27 marzo 1861, tra le Puglie e la Basilicata, la banda di Crocco e di Chiavone, operano la loro congiunzione.

La stampa li rappresenta organizzati per battaglioni ed anche per squadroni, con trombe e tamburi.»

A quell'epoca, come abbiamo notato più sopra, il Crocco non si era dato ancora alla campagna con numerose comitive. E quantunque sin dal 7 gennaio era latitante per la minaccia dell'arresto ordinato da Potenza, pure rimase con pochi uomini sino al 5 aprile, mentre nel 7

---

[17] Processo Crocco. Carico 25, testimonianza del capitano Pasquale Saraceno.

[18] Processo Crocco, volume 23. Interrogatorio Crocco, volume II, n. 1013 del registro generale.

dello stesso mese, con oltre 500 briganti alzò, nel bosco di Lagopesole, il primo grido di: « Viva Francesco II ».

Non mi consta, nè il Crocco ne parla, che egli cioè si sia unito qualche volta al Chiavone (Luigi Alonzi, detto Memmo), il quale operava verso il confine pontificio, e che si intitolava Generalissimo dell'armata di Francesco II.

Ed il brigantaggio che, oltre ad infierire in Basilicata, era anche numeroso in altre provincie del Napoletano, aveva ucciso sino al settembre del 1861 i seguenti soldati: Carabinieri, 7; 3° regg. granatieri di Lombardia, 1; 4° reggimento id., 2; 1° regg. fanteria, 1; 5° regg. id., 1; 30° reggimento id., 6; 35° regg. id., 1; 36° regg. id., 42; 39° regg. id., 5; 41° regg. id., 1; 44° regg. id., 1; 62° regg. id., 2; 1° battaglione bersaglieri, 1; 20° id., 3; 29° id., 1; 31° id., 1; 1° reggimento lancieri Milano, 1; guardie nazionali, 5. Totale 88, dei quali 4 ufficiali; 8 sotto ufficiali; 7 caporali.

Eppure la stampa reazionaria di quell'epoca riferiva di reggimenti disfatti e di battaglioni annientati.

CAPITOLO SECONDO

Con Boryes – Il libro dei capitano Saint-Jorioz – I comuni di
Trivigno, Pietragalla, Bella, Pescopagano – Eroismo e bene-
merenza – Il capitano Icilio Pelizza – Fuga dello Spagnuolo –
Il maggiore dei bersaglieri Franchini – Resistenza –
Fucilazione – Nome e patria dei fucilati.

Intanto, pria di venire alla narrativa di tutto ciò che nei primi del
1862 e seguito si verificò nel Melfese, è necessario seguire Crocco in
altra parte della provincia, quando cioè si unì allo spagnuolo Boryes,
il quale, appoggiato dai comitati borbonici di Marsiglia e di Roma,
raggiunse le coste della Basilicata nel giorno 11 ottobre 1861, toccan-
done il primo lembo verso il Lagonegrese, ove sperava trovare tutti
quegli aiuti di insorti sbandati e briganti, aventi a loro capo il Crocco,
come i comitati gli avevano fatto credere.

In questo lavoro non seguirò tutte le gesta del Boryes, ma parlerò
solamente di quelle ove ebbe a compagno il Crocco.

E pria di parlare dei combattimenti e delle invasioni del Boryes,
unitamente al Crocco, credo opportuno riportare qualche brano di
tutto ciò che ha scritto sul Boryes il capitano di stato maggiore
Bianco di Saint-Jorioz nel suo libro intitolato: *Il brigantaggio alla
frontiera pontificia*.

Il Bianco a pag. 286 dice:

« Iosè Boryes era di origine Spagnuola, e si diceva Generale: fu però
certo ufficiale ed ebbe gran parte nelle Guerre civili che desolarono la
penisola Iberica al tempo di Don Carlos. Dotato di un carattere esal-
tato aveva in sè tutta la lealtà, e dirò pure la superbia che caratterizza
la sua Nazione.

Spinto dai rovesci della causa che sosteneva in patria, esulò.

Non saprei ben dire se per elezioni o per necessità egli abbracciasse
la causa di Francesco II, una volta però abbracciata, ei la ritenne giusta e la servì con tutti i mezzi che erano in suo potere. Gli uomini del
Comitato borbonico di Marsiglia conobbero il suo carattere e se ne
servirono.

Il generale Clary che era ai fianchi dell'ex Re in Roma ne abusò vil-
mente. Nel carteggio che fu trovato indosso al Boryes eranvi parecchie lettere di quel Generale; in una di esse, fra le altre, nel mentre lo

si invitava a partire sollecitamente per l'Italia, gli si diceva ed assicurava che nelle Calabrie, dove doveva proclamare l'autorità di Francesco II, avrebbe trovato armi e denari, anzi giungevasi anche ad ordinargli la formazione di vari battaglioni, prescrivendogliene per fino il nome dei primi quattro.

Inutile il dire che ei non trovò alcuno. Sbarcato a Brancaleone il 13 settembre 1861, in pochi luoghi fu ricevuto con indifferenza, in tutti gli altri a fucilate.

Egli passò di disillusione in disillusione, e quando pose piede nella provincia di Terra di Lavoro, era già compiutamente disingannato e si recava a Roma nell'unico scopo di narrare all'ex Re il modo col quale ei veniva servito da coloro che lo circondavano.

Marciando sempre di notte, aveva attraversato gran parte della Terra di Lavoro e dal Piano di Cinque Miglia costretto per la gran neve a prendere la via che conduce in Avezzano, entrò nell'Abruzzo, e marciando sempre senza posa, senza pane, assiderato dal freddo, attraversò il villaggio detto Sgurgola con soli 24 compagni, essendosi smarriti gli altri 4.

Passò vicinissimo a Santa Maria senza essere osservato, quindi Tagliacozzo; finalmente affranto delle fatiche, dalla veglia, dai disagi, dai patimenti, dal digiuno, giunse alla Lupa, grossa cascina del signor Mastroddi di Tagliacozzo, e quivi credendosi al sicuro, perchè fino allora non riconosciuto da alcuno, concesse riposo ai suoi seguaci spossati al pari di lui, e che non potevano reggere più oltre agli stenti, alle fatiche, al sonno.»

Ed il Bianco di Saint-Jorioz continua a narrare a pagina 288, 289 e 290 tutte le avventure, le sorprese, l'attacco, la morte del Boryes le quali io, per il momento, tralascio, per riprendere la narrativa delle sue gesta col brigante Crocco, di cui mi occupo.

Egli fece la conoscenza del Crocco nel bosco di Lagopesole il 22 ottobre 1861. In quel giorno Boryes si abboccò la prima volta col *Capraio di Rionero*, e gli fece vedere le sue *istruzioni*; ma Crocco, temendo di perdere la sua autorità, il suo titolo di Generale, si mostrò diffidente, trovando *falsi pretesti*, sicchè lo spagnuolo dubitò di trarne partito. Ma infine Crocco dichiarò al Boryes che bisognava attendere da Potenza il generale francese Langlois, e dopo udite le dichiarazioni di costui, e fatto noto il piano della reazione, vedere il da farsi. E difatti il Langlois venne e si incontrò col Boryes, col Crocco e le bande dei briganti. E così fu iniziata la loro impresa, ma sempre con molta diffidenza e contrasti.

Nel giornale di Boryes, pubblicato a Firenze da Marco Monnier, sono riportate tutte le operazioni, tutti i fatti, tutti gli scontri che quotidianamente succedevano. Ma io mi limiterò a quelli nei quali ebbe parte non lieve il Crocco, giusta le deposizioni che si trovano nel suo processo. E difatti nel carico n. 18 si legge:

« Il giorno 3 novembre 1861 la comitiva dei briganti, capitanata da Carmine Crocco, invase il comune di Trivigno, commettendo uccisioni, incendi e saccheggi. Furono trucidati sei individui, cioè Domenico Antonio Sassano, Michele Petrone, Teresa Destefano, Giambattista Guarini, Cristina Brindisi e Rocco Luigi Volino, e fu distrutta la pretura, il municipio, l'ufficio del registro e molti altri palazzi. »

Ed il Boryes nel suo giornale, a proposito dell'attacco di Trivigno, scrive:

« Siamo ricevuti a colpi di fucile. Dopo un combattimento di oltre due ore, ci impadroniamo della città, ma debbo dirlo con rammarico, il più completo disordine regna nei nostri, cominciando dai capi stessi. Furti, eccidi ed altri fatti biasimevoli furono le conseguenze di questo assalto. La mia autorità è nulla. Crocco, Langlois e Serravalle hanno commesso le più grandi violenze; l'aristocrazia del paese erasi nascosta in casa del Sindaco, ed i sopra detti individui che hanno ivi preso alloggio, l'hanno ignobilmente sottoposto al ricatto. Di più, percorrevano la città e minacciavano di bruciare le case dei privati se non davano loro denaro. »

Ed il RACIOPPI nella *Storia dei moti di Basilicata*, parlando di Trivigno, narra:

« La plebe si aggiunge ai predoni, il paese va in fiamme e rapine; la colta cittadinanza o fugge, o si asconde, o muore con le armi alla mano. »

Dopo Trivigno le bande assalirono Castelmezzano, Garaguso, Salandra, Craco. E sempre aumentando di numero, il 10 novembre si attaccarono a metà strada da Aliano a Stigliano, e propriamente verso Acinello con una forte colonna di guardia nazionale e truppa del 62° fanteria, comandata dal capitano Icilio Pelizza di Parma. Questi assalì un nemico sei volte maggiore di numero, ed il corrispondente della *Perseveranza*, scrivendo da Potenza la relazione del 10 novembre, ricorda specialmente l'animoso capitano che attaccò i nemici alla baionetta, nè rinunciò alla lotta se non morendo, colpito da una palla al capo tiratagli dallo stesso Boryes, col quale sostenne una lunga lotta a corpo a corpo. Il valoroso ufficiale fu sepolto a

Corleto, ove gli hanno eretto un monumento con quattro iscrizioni dettate dal colonnello Marchetti, comandante il 62° fanteria, le quali a me sono state date da mio fratello Benedetto Del Zio, già furiere nel 62° fanteria. Le iscrizioni sono le seguenti:

IL CAPITANO ICILIO PELIZZA
DA PARMA
DEL LXII REGGIMENTO FANTERIA ITALIANA
COMBATTENDO DA PRODE CONTRO I BRIGANTI
MORIVA SUL SAURO
IL X NOVEMBRE MDCCCLXI

GIOVANE A XXIX ANNI, PIENO DI SPERANZE E DI VALORE
ALLA MADRE, AL FRATELLO PIANGENTI
LASCIA A CONFORTO
LA MEMORIA DI UNA VITA GENEROSA.^{TE} CONSACRATA ALLA PATRIA

L' ITALIA
DA QUESTE OSSA DI UN MARTIRE
DELLA SUA LIBERTÀ E GRANDEZZA
GRIDA A TUTTI I SUOI FIGLI
PACE E CONCORDIA

GLI ABITANTI DI CORLETO
PIETOSAMENTE NE RACCOLSERO LE OSSA
E,
A MEMORIA PERENNE
DI FRATERNO AFFETTO E DI PATRIA CARITÀ
QUESTO MONUMENTO
POSERO

Per quante ricerche io avessi fatto, pare che in Basilicata il primo ufficiale caduto per mano dei briganti fosse stato il valoroso Icilio Pelizza. Questi aveva con sè pochi soldati, ma prodi, e perciò non fece caso del numero soverchiante dei nemici, lottarono col più gran valore e col sacrificio di loro vita; il loro Duce si distinse fra i più animosi e coi più valenti cadde estinto. La sua morte fu un lutto per l'intero reggimento, ed il colonnello Marchetti, annunziando il miserando caso ai congiunti, scriveva:

« Alli 10 del corrente novembre fuvvi combattimento a metà strada circa da Aliano a Stigliano contro i briganti, nel quale da generoso e prode soldato qual era, cadde il capitano Icilio Pelizza. Il compianto Capitano lasciò nei suoi superiori amici e conoscenti immenso dolore per la sua perdita, ma portò seco il compianto, la stima e l'affetto di tutti indistintamente, poiché non vi era chi non lo amasse e non ne apprezzasse i bei pregi e le rare doti. Se la partecipazione di noi tutti al ben giusto dolore per tanta perdita può alleviarle una tanta sventura, si rassicuri e vada certa che essa è vivamente da tutti gli ufficiali indistintamente condivisa.»

Più tardi le bande, comandate sempre dal Boryes e dal Crocco, invasero Cirigliano, Accettura, Grassano, ed il 16 novembre il comune di Vaglio con circa 1400 briganti. Qui si diedero alle solite uccisioni, agli incendi, ai saccheggi. Uccisero i fratelli Rocco e Francesco De Mattia, Giuseppe Janelli, Faustino Saponara, Rocco D'Anzi e la figlia, Domenico Tamburrini ed altri, tutti gentiluomini patriotti che lasciarono la vita per mano dei feroci masnadieri, alla cui testa più che il Boryes era sempre il Crocco.[1]

Dopo Vaglio venne l'assalto di Pietragalla, ove le bande brigantesche trovarono valida resistenza, e, quantunque assalita da più migliaia di briganti, pure la resistenza opposta da non più di 210 nazionali sarà il più bel ricordo di quella patriottica terra.

« Troppa esigua forza, scriveva il signor Nicola Marini, contro l'orda brigantesca che, secondo le voci corse, ascendeva a 4000.»

Però non v'era neppure uno fra quei militi che avesse forte timore del pericolo imminente. La resistenza maggiore i briganti la trovarono al castello, ove quei nazionali eransi ricoverati. E mentre i briganti al grido di «viva Boryes», «viva il Papa», «viva Francesco II» si avanzavano all'assalto, e con alte scale cercavano penetrare nel castello, quei militi li fulminavano quasi a bruciapelo. « Ed ora, continua il Marini, eran teste che andavano in frantumi, erano ossa, cervello, carne mista a capelli che venivan giù ad insozzare gli assedianti, poi il tronco che piegavasi sulle gambe e cadeva precipitando. Tal altra pria che gli assalitori fossero giunti in alto, era una caldaia d'olio bollente che sollevata e deposta sulla soglia, era immediatamente spinta in basso. Questa riusciva la più valida e micidiale resistenza, e quanti briganti erano sulle scale, e quanti le tenevano salde, al crosciar dell'olio infocato o cadevano morti all'istante, scuoiati orrendamente,

---

[1] Processo Crocco. Carico 19.

traevano, contorcendosi al suolo, dei gemiti strazianti. Altri colti negli occhi, perduta la vista, brancolanti cercavano fuggire, ed incespicavano, cadevano, ivan carponi, mentre il resto della masnada si sparpagliava spaventata, e abbandonava il campo.»

E fu tanto eroica la difesa di quel comune, che due mesi dopo dal Comando generale di Napoli, giunse a Pietragalla una ricca bandiera sulla quale a lettere d'oro è scritto: « Dono della guardia nazionale di Napoli alla guardia nazionale di Pietragalla».[2]

Disanimati i briganti, ritornarono ad accamparsi nel bosco di Lagopesole, ove incominciò la diserzione, e 350 di questi sparirono unitamente a Crocco; anzi questi nel suo interrogatorio dice:

« Dopo la reazione di Vaglio e la resistenza di altri comuni, io feci da guida al generale Boryes, conducendolo al bosco di Lagopesole. Quivi, pensando gli errori che si commettevano nelle reazioni dei diversi paesi, senza speranza di alcun utile risultamento, perchè invano sino a quel giorno si erano aspettati gli Spagnuoli e gli Austriaci che Boryes diceva che dovessero venire in questa provincia a migliaia, io consigliai tutti i capi-banda ad abbandonare questo avventuriero ed a dividerci come prima in piccole bande. Nè io solo era scontento dell'operato di Boryes, anche il francese Langlois che divideva le mie opinioni, più di una volta esclamava: " a che servono queste uccisioni e queste stragi che senza alcun profitto ordina il generale Boryes? si diletta a far occupare i paesi per farli poi rioccupare il giorno appresso dai soldati. Qual è il suo scopo? perdiamo inutilmente i nostri uomini e ci procuriamo l'odio delle popolazioni ". Ma quel generale Boryes era veramente un uomo *inetto*.»[3]

Nel bosco di Lagopesole riordinarono le bande, le quali mossero alla volta di Bella il 22 novembre. La popolazione potè resistere alla invasione per quattro ore di seguito, ma finalmente la città fu occupata. E nel processo Crocco si trova così narrato:

« Nel novembre dello stesso anno 1861, Carmine Crocco a capo di una numerosa accozzaglia di circa 700 malfattori, avendo stabilito di invadere il comune di Bella per delinquervi contro le persone e la proprietà, nel 22 detto mese aggrediva la città. Non pochi generosi allora, per scongiurare le stragi e le devastazioni che quell'orda feroce era

---

[2] *La Lucania letteraria*, N. 12, Potenza, 3 maggio 1885.

[3] Processo Crocco. Interrogatorio dell'accusato.

solita di commettere, cercano di respingerla con la forza; ma sopraffatti dal numero, non poterono a lungo resistere, e la masnada penetrò nelle mura e perpetrò stragi, incendi e saccheggi. Invero vennero messe barbaramente a morte ben undici persone, cioè i fratelli signori Agostino e Gaetano Celentano, dopo aver rubato lire 4000 nella loro casa, e questa poi completamente saccheggiata, fu ucciso Agostino Natiello e dato il sacco all'abitazione di lui; fu assassinato Pasquale Abbamonte, vennero sacrificati Luigi Panza, Carmine Jannetta, l'usciere della Pretura signor Giuseppe Di Giovanni, il signor Francesco Bruni, Angelo Maria Panza, Vincenzo Vetromile e Maria Tuciello, appiccando il fuoco alle case di altri 83 cittadini.» [4]

Tutte queste vittime appartenevano alle famiglie più distinte del paese, ed avevano preso parte attiva al risorgimento italiano.

La resistenza di Bella fu pari a quella di Pietragalla; ed il valore, il coraggio, la difesa opposta da quei cittadini contro la banda brigantesca, resterà un monumento di gloria per quella popolazione ed un ricordo perenne di ammirazione da parte di tutta la provincia.

Dopo l'invasione di Bella, i briganti assalirono Muro, ma furono respinti con molte perdite, e non vi entrarono. La posizione di Muro era formidabile, giacchè l'accesso in paese era costituito da due sentieri tagliati a picco, i quali avevano a difesa la maggior parte dei cittadini e tutta la guardia nazionale. Quindi Boryes ed il Crocco, certi che avrebbero portato a sicuro macello i loro seguaci, abbandonarono il pensiero di entrare in Muro, e si diressero invece a Valvano, a Ricigliano, ed il 26 novembre a Pescopagano. Ed anche in questo paese ebbero gravi perdite, trovando valida resistenza da parte di un centinaio di militi riuniti dal capitano signor Gaetano Laviano. Questo comandante, coi suoi militi e con un suo fratello a nome Francesco Paolo, seppero per circa 20 ore tener fronte all'orda brigantesca composta da più migliaia di briganti. Le posizioni occupate dal capitano Laviano, il coraggio di quei combattenti, fra i quali anche un figlio sedicenne di esso Laviano a nome Pasquale, portarono lo sgomento fra gli assalitori, e dopo tanta resistenza, si misero in fuga, lasciando sul terreno 150 briganti tra morti e feriti, mentre dei nazionali due ne morirono ed uno rimase ferito. I nazionali morti furono il sacerdote don Giuseppe Balbi ed il signor Giuseppe Maria Bavoso.

---

[4] Processo Crocco. Carico 20.

Il capitano Laviano ben meritò della patria, ed il Governo, per la eroica resistenza, lo decorò di medaglia d' argento al valor militare.

Dopo le gravi perdite subite dai briganti nell'assalto infruttuoso di Pescopagano, il dì seguente 27 ebbero un'altra rotta quasi completa, lasciando sul terreno 40 morti, molti feriti e parecchi cavalli. Sicchè scorati, si rifugiarono di nuovo nel bosco di Monticchio, ove le bande si divisero, e Boryes si allontanò dalla Basilicata.

La resistenza, in diversi comuni della nostra provincia, alle orde di Boryes e di Crocco fu così splendida, sublime, valorosa, entusiastica che il Consiglio provinciale di Basilicata, nella riunione straordinaria del dì 11 gennaio 1862, deliberava, circa la eroica difesa dei cittadini di Pietragalla, Avigliano, Bella e Pescopagano, quanto appresso:

« Il Consiglio ad unanimità approvando la mozione del consigliere Bruno dichiara *benemeriti della patria* non solo i prodi di Pietragalla che arrestarono la marcia di Boryes, apportando lo scompiglio e la morte nelle file dei predoni da lui capitanati, ma anche i cittadini di Avigliano, Bella e Pescopagano, che con tanto coraggio e tanto patriottismo seppero difendere le mura dei padri loro.

« Il presidente: cav. Emmanuele Viggiani; il consigliere segretario: Giambattista Materi; il consigliere anziano: Giuseppe Casella. »

E pria di finire, credo opportuno riportare un brano dell'interrogatorio di Crocco, reso nell'udienza del 20 agosto:

« *Presidente:* Dopo la reazione Boryes se ne andò, perchè?

Accusato: Io non so, ci disse me ne vado perchè ho nulla da fare. Io l'ho pregato e consigliato sempre a farci dividere in squadriglie, ed aspettare così l'esercito spagnuolo che prometteva. Egli *incucciava* sostenendo che in Ispagna con tre uomini, uno armato di fucile, l'altro di mazza e l'ultimo di spada aveva formato un esercito di centomila soldati; laddove con 1000 uomini in questa provincia tutti ben armati, avremmo potuto far meraviglia. Io gli risposi: " Generale, non vedete che la forza ci perseguita ovunque, oggi entriamo in un paese e succedono tutti quei guasti; dimani ne usciamo e le truppe fanno il resto. Le popolazioni finiscono con odiarci, e ci accoglieranno poi a fucilate perchè si tratterà non di difendere Vittorio, ma la loro vita, le loro sostanze. Oggi occupiamo un paese, domani è rioccupato; conchiuderemo sempre niente; una cosa è bella per quanto si conserva ".

Presidente: Ma Boryes da chi fu mandato?

Accusato: Io non so precisamente. Egli mi diceva di avere avute istruzioni da un Generale a Marsiglia, che non ricordo, il quale avreb-

be promesso la distruzione del Governo piemontese ed il ritorno di
Francesco II.

L'ho ubbidito fino ad un certo punto, ma quando ho veduto che
l'esercito non veniva mai, l'ho piantato nel bosco di Lagopesole e me
ne sono andato. Anzi *ammalizziai* prima gli altri capibanda, i quali si
trovarono tutti di accordo con me, e tornammo ai boschi.

Presidente: Quando Boryes è partito, chi è rimasto?

Accusato: Rimase Langlois e noi ci dividemmo in 42 o 43 bande
come eravamo prima.» [5]

Il Boryes il 20 novembre con ventiquattro dei suoi fidi, lasciò la
Basilicata, sperando di guadagnare subito la provincia di Roma.

« Circondato, continua il Saint-Jorioz, ovunque da truppe, inseguito come belva, tradito, manomesso e venduto da tutti, continuamente combattendo, sfuggendo al numero, o ritirandosi e
nascondendosi, ed or mostrandosi ed audacemente marciando al
nemico, per poi deluderlo ancora con marcie, contro-marcie, ritirate,
falsi assalti e stratagemmi; compì una marcia meravigliosa, sfuggì,
con singolare fortuna e talento a tutte le persecuzioni, e uscì vittorioso dalle prove più terribili e penose.

Ma il suo destino era segnato, la sua ora era giunta. Perseguitato
sempre dalle truppe, pria di giungere al confine, sorpreso in una
cascina dai bersaglieri comandati dal maggiore Franchini, fu tradotto
coi suoi a Tagliacozzo e fucilati il dì 8 dicembre 1861.»

E prima che il capitano Bianco di Saint-Jorioz, passasse nel suo
libro a parlare della banda Chiavone, conchiude sul Boryes con le
seguenti parole:

« Ecco come finì quest'uomo che ingannato sui mezzi di cui doveva valersi, fu spinto su di una via, la quale lo condusse a commettere
degli atti di brigantaggio che ripugnarono alla sua coscienza, ed offe-
sero più volte la sua alterigia, specialmente quando fu costretto ad
unirsi alle bande di Mittica e di Crocco.»

Conservando fra le mie memorie il nome e la patria degli 11 spagnuoli fucilati, come pure quelli degli altri 8 che erano italiani, credo
pubblicarli; e così finì l'impresa Boryes, mentre invece il Crocco continuò le sue gesta come dirò nel capitolo seguente.

---

[5] Processo Crocco. Interrogatorio dell'imputato, udienza 20 agosto.

Briganti Spagnuoli fucilati: 1. Joseph Boryes di Catalogna; 2. Gaetano Cambri di Valenza; 3. Joseph De Jurientis di Bilbago; 4. Nicolao Maschk di Catalogna; 5. Francesco Jurus di Catalogna; 6. Michele Chiaraldi di Valenza; 7. Pasquale Marcieres di Catalogna; 8. Francesco Darvio di Valenza; 9. Lorenzo Corennos di Costiglia; 10. Pietro Martines di Aragona; 11. Agostino Lafou. Briganti italiani fucilati: 1. Leonardo Brigo di Corleto; 2. Maria Gallicchio di Corleto; 3. Rocco Luigi Volino di Trivigno; 4. Michele Perrelli di Barile; 5. Francesco Pacari di Avigliano; 6. Michele Capuano di Cosenza; 7. Michele Panni di Molise; 8. Pasquale Salines di Mogliana (Siracusa).

CAPITOLO TERZO

Brigantaggio nel 1862 – La banda Crocco divisa in 43 comitive – Crudeltà e sevizie – Prepotenze – Manutengoli – Ladri di briganti – Il marchese La Vallette e Francesco II – Dichiarazione di aiuto ai briganti – Attacchi diversi – Il 62° fanteria – Il 64° fanteria – Il colonnello Bandini – I cavalleggeri Saluzzo – Il tenente Bianchi – Il tenente Borromeo – Nome e patria dei caduti – Ninco-Nanco – Il capitano Capoduro del 13° fanteria ed il delegato Pelusella – Il generale Fontana – Presentazione in Rionero – Corbellatura insigne – Il tenente Bourelly.

Falliti tutti i tentativi di Boryes, e creduto fucilato con 19 dei suoi, i briganti rimasti in Basilicata, sotto gli ordini di Crocco, continuarono nelle loro feroci imprese. E, come più volte aveva manifestato al Boryes ed al Langlois, il Crocco divise la massa dei briganti in numerose comitive, le quali, aggirandosi tra piani, monti e boschi, infestarono tutta la provincia, continuando i pericoli ed i danni come per lo passato.

E così fu iniziato l'anno 1862, avendo a scopo, non più la bandiera borbonica, bensì la rapina, il furto, l'odio feroce contro uomini e cose. Ed ecco come il Crocco, nel suo interrogatorio narra la formazione e la divisione delle bande:

« Tutta la banda fu divisa in 44 comitive, capitanata ciascuna da un capo-brigante, il quale dava nome alla compagnia. Così vi era la compagnia di Sacchitiello, quella di Ninco-Nanco, quella di Giuseppe Caruso, quella di Ciucciariello. Tutte le bande, poi mentre erano indipendenti l'una dall'altra, dipendevano dal supremo comando del francese Langlois e dai due ufficiali, di cui si è fatto cenno.

Partito Langlois, lasciò l'ordine a tutti i capi-banda di dipendere da me, e così col fatto divenni il capo di tutte le bande, che capitanai sino alla metà di marzo 1864.

Nei primi tempi, le bande ubbidivano ciecamente, ed eseguivano con ogni subordinazione i miei comandi. A poco a poco la disciplina cominciò a rallentarsi, finchè si giunse al punto che io comandavo ed i briganti non ubbidivano, o pure agivano in controsenso dei miei ordini.» [1]

« Bastavano 506 uomini armati, per formare una banda e spaventa-
re i dintorni di un paese, e spesso ad essi si univano anche donne,
come la Marinelli, la Cianciarulo, la Curiello, *deturpando con abiti
strani l'indole e la grazia femminile, e lasciando tristi ricordi di sfaccia-
ta libidine e di atti eroici.* » [2]

Ma la banda più numerosa era sempre quella del Crocco. I più giovani, i più sani, i più coraggiosi la componevano. Assuefatti oramai ai
pericoli, addestrati nelle armi, valenti nel cavalcare per fratte e per
dirupi, audaci ed accorti negli assalti e negli agguati, appassionati al
sangue ad ai delitti, e disciplinati nella loro tattica brigantesca, scor-
razzavano da assoluti padroni della campagna, in guisa che non si
usciva fuori la cinta del proprio paese, nè alcuno muoveva un passo,
senza la difesa di gente armata. E se qualche signore si azzardava a
qualche chilometro fuori l'abitato, poteva capitargli male, ed essere
sequestrato per ricatto dai briganti. Così successe ad un gentiluomo,
cioè all'avvocato signor Basileo Mandina, padre del sindaco di Melfi
di quell'epoca, cavaliere Vincenzo. Quell'egregio avvocato e perfetto
gentiluomo non aveva nemici, che anzi era amato e stimato da tutti.
Fidando su questa sua bontà, un giorno si recò in una sua vigna a non
più di un chilometro e mezzo distante da Melfi, ed in un istante
venne catturato dai briganti Gammino e Caschetta e trasportato nei
boschi. Fu rilasciato dopo parecchi giorni, e dietro ricatto di parecchie migliaia di ducati.

« Ogni giorno, scrive il Riviello, venivano notizie delle selvagge ed
orride gesta dei briganti, ed erano agguati ed aggressioni contro carabinieri, soldati e guardie nazionali, ricatti di proprietari e di massari,
estorsioni contro possidenti e contadini; uccisioni innumerevoli e torture raccapriccianti; tagli di orecchi e tagli di menti e di nasi per con-
trosegno di ferocia e di richiesta; turpitudini impudiche e stupri vio-
lenti; incendi di masserie e strage di bestiame; rabbia e vendetta contro liberali. »

In una parola, non era più la lotta contro il nuovo Governo, non
era più la lotta per la restaurazione del Borbone, ma era quella del
furto, era quella di un odio feroce contro qualsiasi sventurato cittadino, che fosse capitato nelle mani dei briganti. E, mentre da parte di

---

[1] Processo Crocco, interrogatorio dell'accusato.

[2] Requisitoria dell'avvocato fiscale militare Mei, presso il tribunale militare di guerra in
Potenza, 8 aprile 1863.

questi si commettevano tanti delitti, il Governo, le autorità militari contrapponevano, all'opera funesta e sanguinaria dei briganti, ordini eccezionali del giorno, perlustrazioni continue, visite domiciliari, stati di assedio, arresti di persone sospette, battiture sanguinose, fucilazioni; e bastava la volontà di un sindaco, di un capitano di guardia nazionale, di un tenente ed anche di un semplice brigadiere dei carabinieri, per disporre di tali ordini, sia nell'interesse pubblico, che per solo capriccio di comando, e molte volte anche per appropriazioni indebite, anzi per scrocco. Erano i ladri dei ladri, e, in prova, riporto un ufficio del Governatore generale di Potenza, del 14 settembre 1861, diretto al sindaco di Ruvo, e dal quale emerge chiaro uno scrocco fatto, in nome della libertà e della patria, ad una signora a nome Angela Rosa Blasucci.

Il governatore Racioppi scriveva così a quel sindaco:

« Potenza, 14 settembre 1861.

Signore,
Mi arriva un reclamo della signora Angela Rosa Blasucci per essere stata, dalle autorità di cotesto paese, obbligata ad un prestito forzoso di ducati 500, e ciò per concorrere alle spese del distaccamento di milizia costà dimorante.

Nè da questo Governo, nè dalle autorità superiori, furono mai comunicati a Lei di simili inqualificabili ordini.

E però Le ingiungo di far subito restituire il denaro alla Blasucci, senza ulteriore molestia, e sotto la sua più stretta e speciale responsabilità.

Mi rincresce dover ricordare alle autorità del municipio come siano illegali, ingiusti e gravissimi simiglianti atti, i quali sono spogli della sostanza privata.

Ella mi darà ragione a rigor di posta del fatto.

Il Governatore
G. RACIOPPI. »

E, siccome lo stato d'assedio era in tutta la provincia, così succedeva che i giudizi erano sommari, le condanne inappellabili, e le fucilazioni, in ispecie pei manutengoli, immediate. Sola speranza di tanti poveri proprietari, colpiti prima dai briganti, da cittadini più briganti dei briganti, e poi dai militari, era l'intervento, l'appoggio di qualche liberale, di qualcuno che avvicinava il potere militare, e che si interponeva a difesa del disgraziato, sostenendo l'errore del sospetto, e, non poche volte, l'odio ed il rancore di famiglia o di precedenti lotte cittadine. Rammento, fra i tanti, l'arresto del proprietario signor Luigi Pastore di Melfi, il quale pure aveva avuti molti ricatti, ripetuti biglietti-ordini, ed intanto, arrestato come manutengolo, mancò poco ad essere fucilato. E dovè la vita all'opera di influenti patriotti, i quali ottennero dalle autorità militari due giorni di aspettativa, ed in questo tempo si potè provare l'innocenza dell'arrestato. E ci vollero ordini del generale La Marmora per questa concessione, diversamente sarebbe caduto fucilato.

Ma non può certamente mettersi in dubbio, che la forza maggiore dei briganti veniva dai beneficati di questi; veniva dai così detti *manutengoli*, i quali, in città od in paese, si davano tutta l'aria di vecchi liberaloni, avvicinavano il potere militare, erano consiglieri comunali, comandanti di guardia nazionale, e poi trescavano coi briganti, o per vendetta personale, o il più delle volte per far denaro ed arricchire.

« Accanto al brigantaggio, scrive il prof. Francesco Saverio Nitti, fioriva il *manutengolismo*, come si dice ancora da noi, ed era di due specie; era fatto per timidità, ed era fatto per avidità. Vi erano coloro che speculavano sui briganti, che qualche volta arricchivano su di essi. I briganti dovevano avere il protettore, l'informatore, il difensore; e spesso queste qualità si trovavano in coloro stessi che dovevano perseguitarli. Parecchie fortune sono state fatte col brigantaggio; assai spesso il manutengolo arricchiva ed il brigante finiva sulla forca. Le chiese stesse ed i monasteri erano asilo di briganti, ed i monaci di Venafro pregavano il giorno, e non disdegnavano la notte di travestirsi per assalire i viandanti e derubarli. Anche, durante il Regno di Ferdinando II, il brigantaggio non fu che malandrinaggio, e quel re, non riuscendo a vincerlo altrimenti, graziava il brigante Giosafat Talarico, accordandogli lauta pensione e soggiorno nella ridente Isola d'Ischia. » [3]

Come ho detto più sopra, dunque, la massa dei briganti si divise in 43 bande, e così spesso succedevano diversi attacchi in località diverse e con capi diversi. Il partito borbonico non lasciava d'incoraggiare con le armi e con ogni mezzo, e si spinse tanto, che il governo fu obbligato a reclamare presso Napoleone III circa il soggiorno e la pre-

---

[3] *Il brigantaggio meridionale*. Conferenza del prof. Francesco Saverio Nitti.

senza di Francesco II in Roma. E Napoleone diede incarico al marchese La Vallette, ambasciatore di Francia, acciò si fosse presentato
all'ex re, per manifestargli le sue lagnanze. Francesco II ricevè, il 10
dicembre, il marchese, il quale gli tenne questo discorso:

« L'Imperatore mi ha incaricato di far osservare a Vostra Maestà che
è impossibile il suo soggiorno in Roma; l'Imperatore che nutre per
Vostra Maestà sincerissima affezione e vivissima simpatia crede che
sarà più favorevole agl'interessi di Vostra Maestà l'abbandonare una
capitale, dove la presenza sola di Vostra Maestà è bastante a incoraggiare la guerra ed i disordini nei vostri antichi domini. L'Imperatore
ve lo consiglia, o Sire, per il vostro proprio interesse; un cangiamen-
to di dimora non può ledere i dritti di Vostra Maestà.»

L'ex re ascoltò con calma e rispose:

« Ringrazio con riconoscenza l'Imperatore del suo consiglio, e non
dubito che esso non sia l'effetto del suo interesse per la persona mia;
ma non mi trovo in condizioni da poterlo eseguire. Io sono un principe italiano illegalmente spogliato del potere, e per tal ragione
appunto non mi tengo obbligato di lasciare la sola terra italiana che
mi ha accolto. Ma io ho dei doveri da adempiere, e li adempirò fino
alla fine.

Benchè io non sia affezionato al trono, di cui non ho assaporato che
le sole amarezze, non abbandonerò il posto affidatomi dalla Divina
Provvidenza. Io non ho incoraggiato l'insurrezione a Napoli, perchè
non è venuto ancora il tempo opportuno a ciò, ma io non rinnego,
nè rinnegherò mai coloro che combattono in mio nome, e quando il
tempo sarà venuto, mi metterò alla loro testa per riconquistare il mio
scettro e per combattere i nemici della mia patria. Non deve esistere
dubbio nè equivoco su questo mio giusto desiderio.» [4]

È chiara ed evidente, dunque, dopo le esplicite dichiarazioni fatte
da Francesco II al marchese La Vallette, la cooperazione dell'ex re e di
tutti i borbonici nell'incoraggiare il brigantaggio, e non fa quindi
meraviglia se questo doveva rialzare, nell'inizio dell'anno, più ferocemente il capo. E, quantunque nei primi mesi dell'anno vi fosse una
certa tregua, pure, con l'inizio della primavera, ricominciarono, con
separati attacchi, le medesime scene dell'anno precedente. Un primo
attacco con la banda Crocco successe proprio nel gennaio 1862, con

[4] A. INSOGNA: *Francesco II Re di Napoli. — Storia del Reame delle due Sicilie dal 1859 al 1896*.

un distaccamento, che perlustrava il bosco di Ripacandida. Morirono parecchi briganti, fra i quali uno dei più feroci di quel paese, a nome Michele Di Biase.

Ripacandida, dopo la reazione dell'aprile 1861, contava nella sola banda di Crocco più di 40 masnadieri, ed in quest'epoca, 15 erano stati uccisi in diversi scontri e 22 carcerati. Ed a proposito scrive il tenente Bourelly:

« Sembrerebbe che, dopo questi successi infelici, e tale fine miserabile di tutti questi assassini, i paesani di Ripacandida si fossero disingannati sulla fortuna che poteva recar loro il nobile mestiere del brigante; ma pur troppo avremo in seguito a vedere come questo comune abbia sempre continuato a dar reclute e tremende reclute al brigantaggio. »

Altro più feroce attacco successe il 9 marzo 1862, nei piani di Spinazzola, verso la masseria Perillo. E qui cade, ed è orribilmente deturpato, il maggiore della guardia nazionale di quella città a nome Pasquale Chicoli. Egli aveva fatto parte del governo provvisorio di Altamura, ed aveva attirato sul suo capo l'odio dei borbonici e l'ira dei briganti.

Circondato da numerosa comitiva a cavallo, comandata da Crocco e da Caruso, egli tenne fermo coi militi rimasti con lui, ma ferito gravemente e preso ancor vivo dai briganti, ebbe strappato e tagliato il mento, del quale il Crocco fece un ornamento al suo cappello.

Altre lente sevizie gli furono fatte, finchè non lo videro spirato. Egli non aveva che 27 anni e cadde da valoroso.

« Agli uccisi, scriveva Floriano Del Zio, del 1861 a Venosa, a Melfi, a Barile, ad Avigliano, a Ruoti; ai morti in Basilicata, nelle Calabrie, nel Salernitano, nell'Avellinese si aggiungono ora i martiri della Capitanata.

Ieri si dava requie alle ossa del sacerdote Ruggiero, del prode Lacava, di Leoni, di Tarantini, di Spaziano e di tanti e tant'altri, oggi si raccolgono, fra lo spavento ed i singhiozzi, le misere membra del mutilato Pasquale Chicoli, un comune novello si veste a bruno, una donna ancora è resa infelicissima, un'altra famiglia è priva di padre. » [5]

« Nel 4 aprile, 35 soldati della legione ungherese, con due ufficiali, partivano da Venosa in perlustrazione contro i briganti, e tra Ascoli e

---

[5] FLORIANO DEL ZIO: *In morte di Pasquale Chicoli.*

Cerignola si imbatterono in una banda di 120 briganti, comandati da Crocco. Quantunque pochi, gli ungheresi si avanzano animosi, e sono salutati da una scarica di moschetteria. Allora il comandante ordina una finta ritirata, ed i briganti li inseguono; ma, quando sono alla pianura, l'ufficiale ordina un fronte indietro e gli ungheresi come leoni si scagliano sui masnadieri, li incalzano da tutti i punti, lottano disperatamente corpo a corpo, e li uccidono o li feriscono. I briganti cercano salvarsi colla fuga, lasciando 15 morti e parecchi feriti.» [6]

Nel 6 aprile, nelle vicinanze di Muro, succedeva altro scontro con una delle bande formate dal Crocco, e comandata da Caruso, e nel quale lasciarono la vita 8 militi ed un ufficiale del 50° fanteria, del quale, con dispiacere, non ricordo il nome. Del pari, nello stesso giorno 6 aprile 1862, un drappello di linea e guardia nazionale, andando in perlustrazione nel tenimento di Aquilonia, si scontrò colla comitiva capitanata da Crocco, composta di circa 100 briganti a cavallo, la quale, impegnando un accanito conflitto, uccideva il luogotenente Orazio Contini ed 8 soldati.[7] E non ci era giorno, nel quale non si fosse verificato uno scontro, e per narrare ogni singolo fatto occorrerebbero molte, molte pagine, e stancherei la pazienza del lettore, nell'apprendere fatti sempre identici e che possono desumersi dalle sentenze di condanna pronunziate dal tribunale di Potenza, come da altre sentenze emesse dalle assisie di Potenza a carico di molti altri briganti.

Nel seguente giorno, 7 aprile 1862, la medesima comitiva attaccava, nelle campagne di Calitri, altro drappello di truppa, del quale rimasero morti 6.[8]

Nel 25 aprile, il maggiore De Maria del 2° bersaglieri mosse, con una compagnia del suo battaglione, da Ripacandida verso il bosco del medesimo comune, mentre una seconda compagnia dello stesso 2° bersaglieri muoveva da Atella, per congiungersi in Iscalunga con la guardia mobile, comandata dal capitano Pisanti.

Queste forze furono messe sotto gli ordini del capitano Della Chiesa e, giunti alla masseria Stagliacozza, scovrirono i briganti che uscivano a cavallo. Erano comandati da Crocco, Ninco-Nanco e

---

6 *La Lucania*, anno I, 10 aprile 1862.

7 Processo Crocco. Carico 21.

8 Processo Crocco. Carico 21.

Caruso. I briganti fecero una scarica a grande distanza; ma poi si diedero a precipitosa fuga verso Sant'Ilario, per raggiungere il bosco di Lagopesole.

Ma, impediti dal capitano Della Chiesa, essi si gettarono sopra Montalto, ove, inseguiti, furono costretti a sbandarsi, lasciando 24 briganti tra morti e feriti, 10 cavalli e molte armi.

Dal 9 giugno al 26, vi furono altri attacchi nelle campagne di Lavello, Venosa, Montemilone, e sempre con truppa del 62° fanteria, cavalleggeri Saluzzo e cavalleria ungherese.

I briganti avevano grande paura degli ungheresi, i quali, e per il loro coraggio, e per i buoni cavalli di cui disponevano, li inseguivano, specie quando il fatto succedeva in aperta campagna, mentre, quando avveniva vicino ad un bosco, la cavalleria non poteva più inseguirli, ed era costretta a battere ritirata. Nei piani, invece, i briganti erano sempre battuti. E così successe ad una banda di 28 briganti sorpresa, nel tenimento di Montemilone, dagli ungheresi, i quali li tagliuzzarono uccidendone 19, e facendone due altri prigionieri, che furono fucilati a Venosa.[9]

Al 27 giugno, esce da Melfi un distaccamento di bersaglieri e 62° fanteria, comandati dal tenente colonnello Sauli cui si unisce anche il tenente dei reali carabinieri. Il Sauli aveva saputo che un gruppo di guardie nazionali si batteva coi briganti alla masseria Ferrieri. Ma, al vedere le truppe, fuggono verso il bosco di Cisterna di proprietà del principe Doria. Quattro melfitani, che facevano parte di quella guardia nazionale, e che si chiamavano Cantasoli, Leonetti, Cocolicchio e Marchitiello, furono barbaramente trucidati in mezzo alla campagna, e sul cadavere del Marchitiello, crivellato da undici pugnalate, si trovò uno scritto che diceva: « *dopo undici giorni ti ho raggiunto.* Donato Tortora.»

Al 30 giugno, furono sorpresi in una casa a Rapolla tre dei briganti feriti alla masseria Ferrieri. Unitamente al padrone di casa vennero tradotti a Melfi e fucilati la dimani.

Ma Crocco non si mostrava semplicemente nelle campagne di Melfi o nella Puglia, al di qua dell'Ofanto, sì bene piombava coi suoi da un punto in altro, da un paese in altro, e sempre alla testa di centinaia di briganti. Nei primi di agosto, egli assale Ruvo del Monte, e quello che commise, quali gli eccidi, quale l'eroica resistenza, i letto-

---

[9] *La Lucania*, n. 19.

ri potranno desumere da una dettagliata corrispondenza a firma di una persona troppo stimata e nota G. L., pubblicata dal *Corriere Lucano* del dì 11 settembre 1861, n. 23, e che io riporto fra i documenti al n. IV. È una di quelle corrispondenze scritte con la più scrupolosa esattezza, e lo stesso Crocco a p. 50 e 51, parlando di Ruvo del Monte, descrive con ammirazione il coraggio di quei cittadini e la difesa della loro patria. Sono pagine che tornano a gloria di quella cittadinanza, di quel paese, la cui esistenza è quasi ignorata, ma che, pure, seppe difendersi con tanto eroismo dalle orde brigantesche.

E se Pietragalla, Bella, Pescopagano meritarono il titolo di benemerenza della patria, a più buona ragione toccar deve a Ruvo del Monte, piccolo paese del circondario di Melfi, che rifulse, nei rivolgimenti politici, come astro splendente di luce imperitura fra i comuni d'Italia. E, quando io penso al fatale destino, che toccò alla mia patria, Melfi, ed alle pagine sconfortanti che si scrissero sul suo conto, traggo un solo conforto dal convincimento che ho, che cioè, nella storia nulla succede per caso, e che tutto ha la sua ragion d'essere. Se invece di Melfi, fosse insorto o stato occupato Rionero, chi oserebbe affermare che la reazione politica si sarebbe limitata nelle nostre contrade, od avrebbe coinvolta anche Potenza? Ed in questa ipotesi, quale ne sarebbero state le conseguenze?

Crocco ed i suoi non agivano solo nel melfese, estendevano le loro operazioni, le loro conquiste, i loro incendi, i loro saccheggi anche in provincia di Avellino e Capitanata. E difatti, nel dì 11 settembre 1862, Crocco e Caruso, con oltre 150 briganti attaccarono la 4ª compagnia del 2° reggimento bersaglieri, distaccata in Rocchetta S. Antonio, comandata dal capitano Spotti. Questi aveva ricevuto ordine di dividere la sua compagnia in tre drappelli, dei quali uno destinato a recarsi alla masseria Montemartino. Questo drappello era composto di 22 bersaglieri, comandati dal tenente Paolo Pizzi di Bergamo, e, non appena giunto alla masseria sopra detta, vide 5 briganti, che abbeveravano i loro cavalli ad un fonte vicino. Furono assaliti da una grandinata di palle; ma quei pochi erano l'avanguardia di una forte masnada, che si avvicinava. Crocco e Caruso, con tutti i briganti, corsero all'assalto, ed il drappello dei bersaglieri appena ebbe tempo di ricoverarsi nella casa colonica. I briganti appiccarono il fuoco ai fienili soprastanti, cercando, col fuoco e col fumo, distruggere la truppa rinchiusa. Il tenente Pizzi, vedendosi a così mal partito, diede ordine ai suoi di slanciarsi fuori e combattere i briganti ad oltranza. In un attimo, i bersaglieri si disposero in quadrato, e sosten-

nero una lotta terribile, ineguale di uno contro 10. Dei poveri bersaglieri ne caddero 15; al giovane ufficiale toccarono spietate sevizie.
Preso e spogliato della tunica, ognuno di quei masnadieri gli vibrava
un colpo di pugnale. « Ah! vile canaglia (gridava, dimenandosi il
povero tenente) uccidetemi presto, non mi fa paura la morte. Ma la
voce dell'umanità ed il cuore tacevano in quelle belve, che non lasciarono di trafiggere la preda, e seviziarla orrentemente, se non quando
lo videro mandare l'ultimo sospiro.» [10]

E, mentre questi fatti succedevano nel Melfese e sue campagne,
verso Avigliano ne succedevano altri, non meno feroci. In quei dintorni, e nel bosco di Lagopesole, anche di proprietà del Principe
Doria, si aggirava una iena, una belva feroce, cioè Ninco-Nanco.
Costui capitanava una delle bande formate dal Crocco, ed era numerosa di oltre 100 briganti, tutti a cavallo. Il Ninco-Nanco guardava
tutti i movimenti delle truppe, che da Potenza venivano nel Melfese,
ed il Crocco quelli delle truppe, che dalla Capitanata o dallo
Avellinese, erano dirette a Melfi. E spesso succedeva che un distaccamento anche numeroso, pria di giungere al destino, ed obbligato a
marciare a tappe assegnate, era assalito dai briganti, i quali ne venivano informati prima dai manutengoli, sicchè succedeva un attacco ove
meno le truppe se lo aspettavano.

E ricordo, con ogni precisione e dettaglio, un fatto, cui sventuratamente mi trovai presente. Io, reduce da Napoli, fui obbligato a
fermarmi a Potenza, aspettando qualche distaccamento, che si fosse
recato a Melfi, giacchè, viaggiando solo o con pochi in carrozza, si era
certi di essere catturati o uccisi. Dopo 5 o 6 giorni di dimora in quella città, seppi da un mio amico impiegato sulla prefettura, che un
tenente colonnello, con un battaglione del 62° fanteria, dava il cam-
bio al battaglione dei bersaglieri distaccato in Melfi, comandato dal
tenente colonnello Sauli. Con me c'era anche un ricco signore di
Atella, a nome Angelo De Martinis. Entrambi fummo presentati a
questo comandante, che era un bel vecchiotto, a nome Steffaneo De
Carneo, e raccomandati alla sua protezione. Prendemmo a nolo una
carrozza, ed al mattino, 30 settembre, uscimmo da Potenza, seguen-
do il battaglione, alla cui testa era lo Steffaneo De Carneo, con altri
ufficiali a cavallo. La prima tappa fu Avigliano, ove pernottammo.
All'indomani, non so per quali motivi, si uscì un po' tardi, prenden-

[10] GIOVANNI GENTILE: *Cronistoria di Rocchetta S. Antonio.*

do la salita del Carmine. Era una giornata caldissima, e, quantunque ci trovavamo sulle alture degli Appennini, pure si soffriva molto. Pria di cominciare la discesa di Lagopesole, si avvicinò alla carrozza il tenente colonnello, che aveva lasciato il suo cavallo. Noi, vedendolo tutto sudato ed arrossito, lo pregammo di salire in carrozza, essendo noi due soli in essa. Il De Carneo accettò e sedè a destra del De Martinis, ed io a lui di fronte. Precedeva il battaglione di un mezzo chilometro una compagnia, ed avevamo già percorsi circa 4 chilometri in discesa, quando si odono diversi squilli di tromba, ed il battaglione si arresta.

Il colonnello dice: « Ci siamo, ecco i briganti » e si precipita dalla carrozza. Noi due facciamo lo stesso, e, prima di vedere i briganti, sentiamo una scarica di fucileria; era stata fatta dalla banda brigantesca, ma a molta distanza. I nostri non risposero, ma, abbandonando la strada rotabile, occuparono una piccola altura, la quale dominava il piano e tutte le vicinanze del castello. Io ed il De Martinis eravamo distanti dalla truppa un 200 metri, allorchè vedemmo una colonna di polvere che si innalzava lentamente, e che veniva alla nostra volta. Non passarono pochi minuti, ed ecco nuove scariche; ma questa volta rispondono anche i soldati, e si avanzano di corsa. Allora non ci erano fucili a retrocarica, e quindi passava un po' di tempo tra una scarica e l'altra. Sembrava invece che i briganti sparassero continuamente, avvicinandosi sempre più alla nostra volta. Era una massa nera, compatta, e tutta a cavallo. Dall'una e dall'altra parte si sparava, ed i colpi erano tanto vicini, che io ed il mio amico credemmo prudenza ricoverarci dietro la carrozza, rassegnati a tutto, perchè non avevamo alcuno scampo, nè via di uscita, da questo pericolo.

Il povero De Martinis sudava freddo e piangeva per i suoi figli, o per il forte ricatto, cui certamente sarebbe stato sottoposto, essendo ricco, e conosciuto come tale, qualora gli si fosse risparmiata la vita. Io era giovanotto, denari non ne avevo e quindi non avevo niun pericolo di ricatto. Mi potevano togliere la vita, e non altro. Il fuoco durò più di un'ora, ed i colpi cominciarono a sentirsi in lontananza. Noi eravamo rimasti soli a quel punto, mentre la truppa si era da noi allontanata un tre chilometri. Noi lentamente cominciammo ad avanzare, e, da una delle voltate della rotabile, scorgemmo la banda in fuga, verso i piani che portano al bosco di S. Cataldo, abbandonando così Lagopesole. I nostri li inseguivano, ma, essendo a piedi, non potettero raggiungere la massa. Passò più di un'altra ora pria che il battaglione ritornasse sulla rotabile, e fu non lieve la nostra sorpresa, vedendo in mezzo ai soldati una ventina di cavalli e 8 uomini laceri, irsuti, sporchissimi, tutti insanguinati e che avevano un aspetto truce e spaventevole. Di questi 8 uomini, 6 erano feriti, e più che camminare, venivano trascinati, mentre gli altri due erano giovanotti dai 15 ai 16 anni. Noi atterriti guardavamo da una certa distanza. Gli ufficiali circondano il colonnello, ed animosamente gesticolano, parlano, ed anche imprecano. Cosa dicessero ignoro; certo, dopo una mezz'ora, vedo fare un largo in mezzo alla truppa, e spiccare meglio i briganti prigionieri. Un ufficiale abbassa la sciabola, risponde una forte detonazione, e quegli 8 uomini cadono bocconi. Eppure, quegli uomini che, forse, ci avrebbero tolta la vita, mi mossero a compassione, e muti ritornammo alla carrozza. Il colonnello montò a cavallo, pregandoci accogliere con noi un soldato ferito ad un braccio. E, come se nulla fosse successo, il battaglione ripigliò il cammino, giungendo ad Atella, verso le 5 pom., ed io fui ospitato in casa del mio compagno signor De Martinis. Il tenente colonnello, cui il De Martinis manifestava i suoi ringraziamenti per la salvezza della vita e del denaro, non accettò l'invito che questi gli faceva, perchè aveva avuto altro alloggio da quel municipio. Si disse però grato e ringraziò, ed io conservo ancora, come di certo conserveranno i miei concittadini, memoria lusinghiera di quel simpatico militare. Non così del suo predecessore tenente colonnello Sauli dei bersaglieri. Costui era un genovese burbero, manesco, irruente, di modi niente garbati, ed era ritenuto per un mezzo matto. In Melfi si ricordano ancora delle brutte scene successe fra cittadini e questo Sauli, e quando, all'indomani del mio arrivo col novello comandante, si apprese l'allontanamento del Sauli, fu una gioia generale, ed egli partì senza neppur un saluto di qualsiasi autorità, o di un qualsiasi cittadino. E, mentre il suo predecessore, maggiore Alessandro De Levis, fu accompagnato alla sua partenza da tutte le autorità civili e militari, e da una fitta popolazione, che lo acclamava per il suo coraggio, per la sua squisita educazione e pei servizi resi, il Sauli, invece, partì insalutato, e direi quasi odiato, nulla avendo fatto di bene per ridonare la tranquillità a queste contrade, e per meritare la deferenza e l'affetto dei cittadini.

Dopo questa breve digressione, ritorno al mio argomento.

Sul versante da Melfi a Potenza, il punto più pericoloso era il sito detto Ponte di Cerasale, giacchè i briganti, scorgendo dalle alture che si avanzava qualche drappello di armati, profittando del numero, piombavano loro addosso, e li uccidevano a scarica di fucile od a colpi di baionetta. Le truppe aumentavano di giorno in giorno, ma quasi sempre senza profitto, giacchè il numero dei briganti, in ispecie quando due o tre bande si univano, era sempre imponente. Sicchè, per le campagne squallide e deserte, o si incontravano bande brigantesche, o drappelli armati con lancieri, ungheresi, usseri; e la caccia era all'uomo, con inaudita voluttà di ferocia o di dovere da ambo le parti. E quando più feroci erano i briganti, tanto più violentemente reagiva la truppa, la quale puniva senza pietà alcuna, in ispecie, i manutengoli. Sicchè la proprietà, la vita di un uomo, la sorte di una famiglia valevano, come scrive il Riviello, meno che nulla. Un comando, un motto, un capriccio che avesse detto: *aggrediamo quella masseria, uccidiamo o fuciliamo quell'uomo, scanniamo quella greggia*, e subito la masseria si vedeva aggredita, l'uomo morto, la greggia scannata.[11]

E così, con quasi quotidiani conflitti, con catture, fucilazioni, sorprese in tutta la zona che si estende da Melfi a Potenza, da Melfi ad Ascoli-Candela, da Melfi a Monticchio-Calitri, da Melfi a Venosa-Lavelio, si era per chiudere l'anno 1862, ed iniziarsi ancora più ferocemente l'anno 1863.

Ed il Governo, ritenendo o le autorità poco esperte, o i capi militari disadatti al loro compito, mutò personale, inviando nuovo prefetto e sotto-prefetto e nuovi comandanti. E così il 62° fanteria venne sostituito a Potenza ed a Melfi dal 2° e 46° fanteria, quest'ultimo di residenza in Melfi, con a capo il colonnello Bandini, il quale aveva un aiutante maggiore intelligente, accorto e svelto, a nome Luigi Porporati. Parve che, con un reggimento intero, con un battaglione dei bersaglieri, e due squadroni cavalleggeri Saluzzo, la sicurezza nel Melfese avesse dovuto ritornare.

Ma fu vana speranza, imperocchè Crocco, che aveva 100 briganti a cavallo, vedendosi perseguitato da tanta forza, distribuita però in diversi punti del tenimento (e questo fu un grave errore del colonnello Bandini) credè oppurtuno unirsi ad altri capi-banda e ripigliare con questi gli attacchi, gl'incendi e le uccisioni dell'anno precedente. E difatti, le bande riunite di Crocco, Ninco-Nanco, Caruso, Coppa e Gioseffi, con oltre 200 armati a cavallo, il 12 marzo 1863, appostati alla masseria Catapano, tenuta da Luigi Pastore, in agro di Melfi, si gettarono d'improvviso, scaricando i loro archibugi sopra 18 cavalleg-

[11] RIVIELLO: *Cronaca Potentina.* – PANIROSSI: *La Basilicata.* – BOURELLY: *Il Brigantaggio nelle zone militari di Melfi e di Lacedonia.*

geri Saluzzo, comandati dal luogotenente Giacomo Bianchi del 4°
squadrone. Quasi tutti i cavalleggeri caddero sotto il fuoco della
prima scarica. I pochi superstiti impegnarono accanita lotta, ma troppo disuguale pel numero, ed ebbero la sorte dei compagni. Al luogotenente, semivivo ancora, furono inferte molte ferite a colpi di stile;
fu recisa a lui ed al sergente la testa; e questa, con sommo dileggio, fu
esposta, con una pietra fra i denti, sopra una tettoia della masseria
Araneo, in contrada Carlo-Francesco. Fra i più feroci della masnada,
è designato il brigante Gioseffi, che, come risulta dalla sentenza del
tribunale militare di Potenza, del 19 giugno 1865, fu quello che
pugnalò il tenente Bianchi, e gli staccò dal busto la testa.

Queste vittime, fra le quali un cavalleggero melfitano, a nome
Palmieri Ferdinando, furono trasportate a Melfi, e nel duomo, col-
locate su di un catafalco, ebbero solenni funebri, cui prese parte, col
compianto generale, tutta la cittadinanza, ed indi furono sepolte in
una cappella della chiesa del Carmine.

I cavalleggeri caduti furono:
1° Bianchi Giacomo, tenente, di Origgio (Milano); 2° Palmieri
Ferdinando di Melfi; 3° Ipporito Giovanni di Colonello; 4° Peppino
Michele di Cavallermaggiore; 5° Lechbischi Michele di Slevich-
Galizia, sergente; 6° Euria Francesco di Racconigi; 7° Tulé Giordano
di Pisa; 8° Prò Achille di Pisa; 9° Fossello Antonio di Galliate; 10°
Esperando Domenico di Vico Garganico; 11° Zamboni Francesco di
Finale; 12° Forzani Giuseppe di Filottiera (Bergamo); 13° Fusta
Bartolomeo di Busca; 14° Borrari Adamo di Copendolo; 15° Gino
Pietro di Grana; 16° Ballatore Giuseppe di Massa; Litorno Giovanni
di Livorno.

Una relazione dettagliata di questo doloroso massacro è riportata
dal *Popolo d'Italia* del 19 e 20 marzo 1863, n. 77, e che io riproduco
fra i documenti al n. V.

Questa sventura preoccupò non poco le autorità locali, e tutti ebbero parole di biasimo pel colonnello del 46° fanteria, signor Bandini,
il quale, pur sapendo le forti colonne capitanate dal Crocco e da altri,
ordinò un servizio di perlustrazione di pochi cavalleggeri, i quali, per
la sua inettezza, incontrarono sì barbara morte. E nel volume II, fol.
303, esistente nell'archivio del tribunale di Melfi, si trovano le deposizioni di 10 testimoni, riguardanti l'eccidio dei cavalleggeri Saluzzo,
avvenuto, come ho detto, il 12 marzo 1863, mentre nella seconda

parte del volume I, si trova l'elenco dei caduti, fatto dal maggiore Colli di Felizzana in data 30 aprile 1863, e che porta anche la firma del comandante lo squadrone Laiolo.

Ma il colonnello Bandini, di nulla preoccupato, godeva in Melfi vita spensierata in mezzo a balli e tripudi, ospite della ricca famiglia Araneo, di quella famiglia padrona delle masserie Catapano e Carlo-Francesco, ove successe l'eccidio. Ed egli continuava in ordini erronei, in comandi di perlustrazione di pochi militi, i quali andavano a morte certa. Cocciuto e dispettoso, a nulla valevano gli avvisi delle autorità civili, a nulla quelli dei suoi dipendenti, anzi diventava più ostinato ed anche più leggiero, perchè alla sera annunziava i movimenti che la truppa avrebbe fatto il domani. E succedeva spesso, che pria dell'uscita della truppa, i briganti ne venivano già informati dai manutengoli. E difatti, dai primi di gennaio 1863, alla fine di dicembre di detto anno, ben 72 furono gli attacchi, gl'incendi, le depredazioni, gli assassini, gli omicidi commessi dalle bande riunite sopra dette, e risultano descritti e costituenti tanti capi di accusa in ordine cronologico per tempo e luogo nella sentenza del tribunale di Potenza del 19 giugno 1865, di sopra citata. Questa sentenza, che condanna 5 capi-banda, parla quasi sempre della presenza del Crocco in ogni conflitto, in quasi tutti i delitti, ma per Crocco non era ancora venuta la sua ora.

Intanto le gesta brigantesche continuavano. Come ho detto in altra parte delle mie notizie, Crocco aveva diviso la sua numerosa banda in varie comitive, le quali, in ogni ricorrenza, si riunivano, portando la desolazione ed il terrore ove apparivano. E queste comitive erano sempre comandate da capi come Caruso, Schiavone, ed altri, ma alla dipendenza sempre del Crocco. Un fatto grave, il quale gettò il lutto e lo spavento negli abitanti di Rocchetta S. Antonio, successe, il 28 settembre 1863, nelle vicinanze di quel paese. Era colà stanziata la 16ᵃ compagnia del 4° granatieri, comandata dal tenente Radaelli (che ho avuto l'onore ospitare come colonnello nel 1883) il quale, in quel giorno, si era recato in Candela per salutare il generale Pallavicini. Nelle ore pomeridiane, giunse in Rocchetta la notizia, che le bande Caruso e Schiavone si trovavano a bivaccare nella masseria Corbo alla Petrala. Il sottotenente Niccolò Flumiani di Udine, coi pochi soldati che aveva, volle correre a quella masseria. E, quantunque il sindaco ed altre autorità cercassero di dissuaderlo, stante lo scarso numero di soldati di cui disponeva, pure non volle ascoltare i consigli, e si avviò alla masseria. Ma, mentre il drappello dei granatieri era alle falde della collina, comparvero i briganti e lo circondarono. Il Flumiani, messo-si in quadrato, comandò il fuoco, ma fu vana ogni resistenza, perchè il numero di quelle iene era dieci volte maggiore. Il primo a cadere fu il sottotenente, e dopo lui ne caddero altri sette, mentre il resto del distaccamento si sforzò raggiungere le mura del paese.

I caduti furono:
1° Flumiani Niccolò di Udine, sottotenente; 2° Grassi Stefano di Castelnuovo Scrivia; 3° Araldi Giovanni di Soralora; 4° Criepino Giovanni di Frattamaggiore; 5° Gazzotti Giovanni di Medolla; 6° D'Agostino Giuseppe di Livorno; 7° Crivelli Angelo di Lodi; 8° Accania Gaetano di Trobia.

E gli ufficiali del 4° granatieri collocarono nella chiesa parrocchiale di Rocchetta S. Antonio una lapide con la seguente iscrizione:

QUI SCRIVONO I NOMI DEI LORO COMMILITONI
CADUTI A XXVIII SETTEMBRE MDCCCLXIII
NEL TERRITORIO DI ROCCHETTA S. ANTONIO
DOPO OSTINATA RESISTENZA
SOTTO IL TRADIMENTO DI ARMI SCELLERATE
GLI UFFICIALI DEL IV REGGIMENTO GRANATIERI
NON TANTO A MEMORIA DEL DOVERE FORTEMENTE COMPITO
QUANTO AD ESEMPIO
DI COLORO CHE FURONO DIFESI
COL PREZZO DEL SANGUE
A NON LASCIARE CONTAMINARE QUESTO SEPOLCRO
DAI RINNOVATI VITUPERII DEL BRIGANTAGGIO [12]

E se tanto succedeva in provincia di Avellino, nel Melfese continua-vano le medesime disgrazie, come del pari continuavano gli errori del colonnello Bandini. E difatti un altro drappello di cavalleggeri di Saluzzo, comandato dal luogotenente Borromeo, diretto da Melfi a Venosa, il 26 luglio 1863, traversando la contrada Rendina di Melfi, in vicinanza della masseria Giuseppe Casella, cadde in agguato di oltre 80 masnadieri a cavallo, guidati dal Crocco, da Gioseffi, da Schiavone, Caruso e Tortora. Ventuno di quel drappello caddero

[12] GIOVANNI GENTILE: *Cronistoria di Rocchetta S. Antonio.*

sventurate vittime di ferri ribelli, dopo accanita, ma inutile lotta. E, nel pubblico dibattimento, il Gioseffi fu riconosciuto ed indicato come colui, che, con Tortora ed un prete di Trivico (Avellino) brigante con essi, inseguì il luogotenente Borromeo fino alle porte di Venosa. Ed il Borromeo dovè la sua vita alla bontà del cavallo, diversamente avrebbe patita la stessa fine del tenente Bianchi. Ed è anche noto che, nel dibattimento a carico di Giuseppe Caruso, questi rivoltosi al Borromeo, esclamò:

« Io avrei potuto benissimo ucciderti, inseguendoti, perchè i miei colpi non falliscono. Nol feci, perchè n'ebbi pietà. »

I ventuno cavalleggeri uccisi furono sepolti a Venosa, ed a cura dei compagni fu eretta una tomba colla seguente iscrizione dettata dal maggiore Colli di Felizzana:

ALLE RELIQUIE DEI PRODI
CAVALLEGGERI SALUZZO MORTI AHI! COMBATTENDO BRIGANTI
MEMORI I COMPAGNI
POSERO
VOI TUTTI CHE AVETE UNA RELIGIONE
UNA PATRIA - UN DOVERE
COMMOSSI SU QUESTA TOMBA
PREGATE
A. D. MDCCCLXIII

I cavalleggeri uccisi furono: 1° Pietro Agliata di Gozzano, caporale; 2° Luigi Cibrani di Usselio, caporale; 3° Nicodemo Garelli di Sanguinio, caporale; 4° Vincenzo Sais di Cagliari; 5° Giovanni Magenti di Duino; 6° Angelo Baschera di Udine; 7° Vincenzo Ceci di S. Clemente; 8° Giovanni Medda di Gestone; 9° Agostino Bonetti di Voghera; 10° Ferdinando Prioveschi di S. Marcello; 11° Luigi Galli di Capanori; 12° Policarpio Govazzutti di Modena; 13° Roberto Ruffino di Sala; 14° Luigi Manzoni di Brumano; 15° Gregorio Antognini di Ancona; 16° Luigi Rosa di Pontremoli; 17° Luigi Candelli di Modena; 18° Andrea Buzzi di Assisi; 19° Annibili Cairo di Voghera; 20° Luigi Rano di S. Salvatore; 21° Giovanni Raffini di Ossola.

Quest'ultimo morì in seguito a ferite riportate nell'attacco.

I poveri caduti furono tutti mutilati, spogliati dei loro abiti e di ogni piccolo cencio, ed il prete di Trivico, che era brigante con gli altri, benedisse l'infame massacro. E colmi di gioia per la carnefici-

na fatta dei cavalleggeri, e solo dolenti di non aver preso il
Borromeo, si posero a bivaccare sulla vetta che domina la valle di
Acquarossa di Giannattasio di Rionero. E questo bivacco non fu
servito di solo pane, vino e formaggio, bensì vi era, oltre il brodo e
la minestra, anche l'arrosto di vitello ed il dolce, servito tutto con
argenteria, come mi ha assicurato il brigante Tinna, ancora vivente
qui in Melfi, e che faceva parte di quella masnada. Anzi egli mi ha
dichiarato che Crocco e caporal Teodoro, ostinati a voler l'arrosto di
vitello, si spinsero sino alla masseria Santangelo sull'Olivento, ove
ne presero uno, che portarono scannato, tutti giulivi, sul sito del
bivacco. E, quando, or son circa 25 anni, io, come perito per un
voluto omicidio, dovetti recarmi unitamente al procuratore del Re,
signor Cerchi, e al giudice istruttore, signor Marinelli, alla masseria
Santangelo, vedendo quei siti, la Rendina, Sansanello, Acquarossa,
ricordai il tenente Borromeo, i trucidati ed il sontuoso bivacco,
offerto certamente non da contadini, ma da voluti signori, e da
coloro che facevano credere, ed avevano l'apparenza, di perseguita-
re i briganti.

Fu una piaga vergognosa per parecchi signori del nostro circondario, che avevano convivenza coi briganti, e che erano ritenuti
superiori ad ogni sospetto. Oggi, essendo tutti morti, covriamo col
manto della carità e del perdono le loro colpe ed i loro delitti, augu-
rando al nostro circondario che non ritornino più tempi sì tur-
bolenti e tristi. E se in questi luoghi del Melfese, ove signoreggiava
Crocco, succedevano quasi ogni giorno tanti omicidi, tanti sacchegg-
gi e tanti fatti d'armi, verso Lagopesole, ove dominava quella belva
chiamata Ninco-Nanco, ne succedevano altri, ma con più ferocia,
con più efferatezza, non ostante il valore ed il coraggio delle vittime. Fra tanti, merita di esser ricordato quello di Costantino
Polusella, delegato di pubblica sicurezza, del capitano Luigi
Capoduro, nizzardo, di un sergente e tre soldati del 3° reggimento
fanteria, i quali, sperando di indurre Ninco-Nanco alla presentazione unitamente alla sua banda, si avviarono soli nel bosco di
Lagopesole. Questi sei intrepidi e generosi non ritornarono più, e,
dopo qualche giorno, se ne rinvennero i cadaveri, trafitti e mutilati
in una maniera orrida e selvaggia. Al capitano Capoduro si era
tagliato il capo, che si trovò messo a distanza su di un macigno con
un sasso fra i denti, e sul petto si era incisa la croce di Savoia. Il
cadavere del Polusella aveva le mani recise. Oggi tutti insieme sono
sepolti nel cimitero di Atella.[13]

Ciò non ostante, dopo sì orrido delitto, si continuarono le pratiche per la presentazione dei briganti, promettendo salva la vita. Già il generale Della Chiesa, fin dal 3 agosto 1861, aveva pubblicato un editto per simile offerta, e noi ne abbiamo parlato del risultato. Nel 1863 si ripresero con maggior zelo e premura le pratiche dal generale Fontana, dai capitano Borgognini di fanteria, e dal capitano Corona della guardia nazionale di Rionero. I primi accordi si fecero in una casa di campagna nelle vicinanze di Rionero, ove liberamente si presentarono Crocco, Caruso, Tortora, Ninco-Nanco ed altri, e banchettarono in casa del capitano Corona, ove erano il generale Fontana, il sotto-prefetto ed altre autorità. I briganti però non si presentarono tutti, e, fidando sulla parola del bandito, il generale e gli altri rimandarono Crocco e compagni, per far persuadere da costoro tutti i briganti alla presentazione. Ma Crocco non ritornò più, come non ritornarono i compagni, ed ogni tentativo fallì.

E qui credo opportuno riportare tutto il dettaglio di questa presentazione, narrata minutamente dal Bourelly nel suo libro di sopra citato a pagina 186-187.

« Il capitano Corona della guardia nazionale di Rionero faceva perquisire alcune case di sospetti, e fra questi, quella di certo Michele Gallucci-Zerra, il quale, la mattina seguente, andò a muoverne lagnanza a detto capitano Corona. Un'idea subitanea balenò alla mente del capitano. Era uscita da pochi giorni la legge Pica, la quale diminuiva di tanti gradi la pena a chi si consegnava entro il mese. Il Corona pensò che, per mezzo del Gallucci, avrebbe potuto parlare al capo brigante Crocco, e forse indurlo a consegnarsi. Tanto fece, tanto disse al Gallucci, che riuscì a farsi promettere che avrebbe fatto il possibile. Il signor Corona confidò l'affare al capitano Borgognini del 62° fanteria, alloggiato in sua casa. Questi accettò con gioia la confidenza, e, sebbene ancora fresca la misera fine del capitano Capoduro, e vi fosse da compromettersi come militare, pure volle tutto arrischiare per il bene della patria e la tranquillità di questi paesi. Passarono vari giorni, finalmente, il 25 agosto, il Gallucci portò la nuova, che la sera stessa Crocco sarebbe venuto a colloquio ove essi avessero indicato. Subito si stabilì l'ora ed il sito poco distante dal paese.

[13] *Popolo d'Italia*, n. 19, 20 gennaio 1863. – BOURELLY: *Il brigantaggio nelle zone di Melfi e Lacedonia.* – RIVIELLO: *Cronaca potentina.* – FORTUNATO: *Il castello di Lagopesole.*

In quel primo colloquio, nel quale vi erano Caruso, Ninco-Nanco, Tortora e Crocco, stabilirono che il 7 settembre si sarebbero consegnati tutti con le bande. Il capitano Borgognini, con il suo contegno franco ed altero, destò le simpatie di quei feroci assassini, e specialmente di Crocco e Ninco-Nanco, per modo che il primo, staccatosi da un fazzoletto che teneva al collo, un magnifico spillo d'oro, volle donarglielo ad ogni costo, per suo ricordo, ed il secondo gli si fece vicino e lo baciò in fronte. Il capitano Borgognini, che ricordava certamente il bacio che lo stesso Ninco-Nanco aveva dato all'infelice Capoduro, è da pensare con quanta ripugnanza dovè accettare, per terribile necessità, quel bacio.

Tutto fu combinato; ed infatti, il 7 settembre, Crocco solo e disarmato, portando nelle mani una bandiera italiana, veniva in mezzo alla popolazione di Rionero gridando " Viva il Re " " Viva Garibaldi. " Il grosso delle bande era a mezzo miglio dal paese. Venne poscia il Tortora, mentre il capitano Borgognini, di nulla temendo, portavasi in mezzo ai briganti per assicurare Ninco-Nanco che, più sospettoso degli altri, non intendeva venire. Fu loro mostrata la legge, fu loro spiegata, commentata.

Intanto veniva a Rionero il generale Fontana, comandante le truppe in Basilicata. Parlò con Crocco e Volonino, ma siccome le comitive erano rimaste ancora indecìse, chiesero ed ottennero un salvacondotto per otto giorni, per procurare la presentazione degli altri briganti, che erano in tutto duecentocinquanta. Intanto si presentarono sedici briganti, fra i quali Tinna e Caruso di Atella. Ma passarono gli otto giorni, e Crocco non venne più.»

Ed il Bourelly, domandandosi il perchè di questa non avvenuta presentazione, fa varie ipotesi e supposizioni su pratiche, che sarebbero state fatte da diversi signori, interessati alla non presentazione dei briganti. E, mentre egli bolla d'*infami persone* tali consiglieri, nota pure che fu grave errore, grave imprudenza far ritornare i capi alle loro bande. Certo l'agitazione in Rionero dovè essere somma, la sorpresa delle autorità immensa, lo stupore generale, misto ad accuse e difese.

E difatti, da un opuscolo stampato senza data e senza paese, e che ha per titolo: *Origine del brigante Crocco, e la protezione a lui accordata*, trovasi così narrato il fatto di cui si è occupato il Bourelly.

Ed ecco cosa dice:

« Nel giorno 7 settembre 1863, la mercè (e qui tralascio io di riportare i nomi dei signori) entrarono in Rionero, sotto pretesto di darsi nelle mani della giustizia, i capi-briganti Crocco, Ninco-Nanco,

Caruso e Tortora, nonchè una settantina di briganti a foggia di conquistatori, armati di tutto punto ed in varie guise, signoreggiando tutti, talchè la maggior parte del paese a tal vista restò sbalordita, trasecolata, ed insiememente ammiratrice di una scena così imponente da parte del brigantaggio, e molto ridicola per conto dei fautori (la parte, però, della gente onesta si mantenne chiusa nella propria abitazione), talchè richiamò il concorso di molti dei paesi vicini. Una tale presentazione fu talmente ridicola e di grande discapito per gli autori, che i suddetti capi-briganti e compagni, dopo essersi trattenuti, per più giorni, nel paese e nei vicini luoghi, abbracciandosi e gozzovigliando coi loro antichi amici, coi quali fecero delle belle ripatriate, insalutato ospite, ritornarono più ferocemente al loro antico mestiere. Ciò avvenne per opera (e qui non credo di riportare le accuse, le quali potrebbero essere anche partigiane insinuazioni). Intanto, prosegue, dal pubblico rimasto orribilmente scandalizzato per un fatto di tal natura, ci vengono mille domande, e fra le altre, perchè i capi-briganti non sono stati posti in un luogo di deposito sino a tanto che non si verificasse la effettiva presentazione? perchè questa presentazione non si è più verificata?

Perchè i briganti e loro capi, sono trattenuti tanti giorni nel paese senza nulla effettuarsi?

Perchè gli amici, coi quali si sono abbracciati, baciati, ed hanno sfrontatamente gozzovigliato non sono stati chiamati a dar conto di tale mostruosità?»

E qui lo stampato continua a commentare l'avvenimento ed è ricolmo di aspre parole fino al punto di farci sospettare della veridicità del narrato. E lo scrittore, a dare maggiore autorità al racconto, riporta ciò che scrisse il _Corriere Lucano_, in data 25 settembre, 17 dicembre, e il _Popolo d'Italia_, giornale non sospetto, 9 giugno 1863 n. 156, 30 giugno 1863 n. 177. Ma, essendo un libello contro famiglie e nomi, io non me ne occupo, e resto al racconto del Bourelly. Solo, a rendere più chiara la situazione del brigantaggio nel Melfese, riporto, fra i documenti al n. VI, ciò che scrisse il giornale napoletano, il _Popolo d'Italia_, con le date ed i numeri di sopra citati, notando che il giornale intesta sempre: _Brigantaggio in Basilicata_, oppure: _Il circondario di Melfi_. E da quello che scrive il _Popolo d'Italia_, a quello che asserisce l'opuscolo sopra detto, corre molta distanza, e rivela più l'odio di famiglie o persone, anzi che il vero stato delle cose e dei fatti nel Melfese.

Certo, il _Popolo d'Italia_ si occupò di questa presentazione, e ne fece i commenti nel n. 267, in data 27 settembre 1863, scrivendo: « Crocco, Ninco-Nanco ed i loro adepti, dopo aver divorato un lauto pranzo in Rionero alle grida gloriose di Viva Italia ed altri evviva, si accomiatarono gentilmente, ridendosi di tutto, e ritornando alle infamissime gesta.

Crocco dava piastre e napoleoni d'oro a chi gli teneva il cavallo. Ed ecco così i briganti trattati da cavalieri ed illustri signori, col sangue di tante vittime, e con la miseria di tante famiglie spogliate e rovinate. Cercare di transigere e far trattative con gente da forca, è una ignobile commedia. E corbellate son rimaste finora tutte le autorità della Basilicata, che credendo a Crocco, dopo avergli dato pranzo, 10 lasciarono ritornare agli incendi, alle uccisioni, agli stupri.»

Questa condotta del generale Fontana fu giudicata aspramente dalla pubblica opinione, come dal Governo. Niuno potè perdonargli la leggerezza e l'atto impolitico di far ritornare tutti i capi-banda ai boschi, sotto pretesto di persuadere i compagni. Egli aveva, col suo proclama, promesso di far salva la vita, e bastava; ma il ritorno di tutti i capibanda fu l'errore più grave, che avesse potuto commettere un generale ed un uomo politico. Tutto al più, poteva farne ritornare uno; ma tutti, fu insipienza, e difetto di accorgimento. La responsabilità del Fontana fu grave; e certo le autorità della provincia dovettero restare maravigliate di tanta leggerezza. Il generale Fontana fu splendidamente burlato nei fumi del banchetto Corona, e con lui le altre autorità che vi presero parte. E come il generale Della Chiesa ed altri, fu anche liquidato il generale Fontana. Solo, fra i capi, Giuseppe Caruso del comune di Atella, tiratore abilissimo, ed uno dei più accorti fra i briganti, ebbe fede nelle promesse del Governo, e ritornò.

Caruso è stato uno dei più sanguinari e feroci briganti che componevano la banda Crocco, della quale in più circostanze prese il comando.

In lui non ci era se non sete di sangue, e giammai vi fu un sentimento di pietà, nè risparmiava alcun mezzo, anche il più crudele ed inumano, purchè otteneva il suo intento. Interrogato un giorno perchè uccidesse tanti contadini, che non gli avevano fatto alcun male, con cinismo ributtante, rispose: « perchè ero certo che la truppa, trovando un morto, si fermava, ed io intanto avvantaggiava su d'essa mezz'ora di cammino».

E sulla presentazione dei briganti, Crocco, nel suo interrogatorio, disse le ragioni, per le quali gli accordi fallirono, e la promessa presentazione non ebbe più luogo.

« Io avevo concluso, egli disse, un trattato col generale Fontana, fidando nell'onore, nella cavalleria sarda; però mi era rimasto un dubbio. Il generale aveva detto a mio padre: *Crocco, a Natale abbraccerete vostro figlio.* Al che il sotto-prefetto rispose: *Ma, generale, lo promettete voi?* e costui replicò: *mi presenterò al re, e farò concedere la grazia.* Ah? ci penserete voi...... riprese il sotto-prefetto.

Dopo essermene andato, pensai tutta la notte, tanto al gesto del sotto-prefetto, quanto a quella presentazione del 1860, rimasta senza frutti e senza compenso. Io seppi che al governatore di Potenza fu diretto un telegramma che diceva: *domani si presenterà Crocco senza condizioni;* mi insospettii di più, e conoscendo che, senza condizioni, di me il Governo avrebbe potuto fare quel che voleva, non mi presentai.

Presidente: E da chi ricevesti la notizia di questo telegramma?

Crocco: Vostra Signoria poteva risparmiarsi di domandarmi su di ciò.

Presidente: Forse voi non lo sapete?

Crocco: Eh?...... non so nemmeno come si chiama Lei. » [14]

Del telegramma, del quale parla il Crocco, diretto al governatore della provincia, io discorro nel lavoro inedito, più volte accennato. Da informazioni assunte, e da tante altre notizie rintracciate, ho pututo convircermi della verità asserita dal Crocco, e sorprende, fa pena e maraviglia, come abbiano potuto esservi uomini, forse anche preposti al comando di armati, i quali vivevano con Crocco in tanta intimità di interessi materiali, da avvisarlo realmente del telegramma spedito. E questi signori, a seconda dell'occorrenza, mettevano la maschera di liberali o briganti, servendo così il Governo per avere compensi ed onori, ed i briganti per far denaro e vendetta.

---

[14] Processo Crocco. Udienza 30 agosto 1872.

CAPITOLO QUARTO

La Legge Pica – Commissione d'inchiesta – Il 2° reggimento fanteria – Attacco del 2 giugno – Il tenente Bollani e la sua morte – I cavalleggeri di Lucca – Attacco e morte del brigante Malacarne – Il tenente Matteucci – Il capitano Ottolenghi ferito – Situazione dei briganti nel distretto di Melfi – Comando delle due zone riunite di Melfi e Lacedonia – Il generale Pallavicini – Giuseppe Caruso.

Fallito così ogni tentativo di presentazione, e divenuti più audaci i capi-banda, dopo gli errori del generale Fontana, e le blandizie loro concesse dalle autorità; consci della loro potenza e della infelice tattica a combatterli; incoraggiati dai borbonici, e coadiuvati dai manutengoli, ricominciarono le loro antiche gesta, non solo nel Melfese, ma in tutta la provincia. Questo stato impensierì finalmente il Governo, e venne nominata la Commissione di inchiesta, *per studiare la vera causa dì tanti mali, e consigliare i provvedimenti efficaci ad estirparli.*

La Commissione fu composta dei generali Sirtori e Bixio, degli onorevoli Saffi ed Argentino e di parecchi altri. La Commissione venne, girò tutte le provincie infestate dal brigantaggio, e si ebbe come provvedimento la famosa legge Pica, promulgata il 15 agosto 1863. Con questa legge vennero stabiliti tribunali militari pei reati di brigantaggio; la pena della fucilazione pei colpevoli presi a mano armata; lavori forzati a vita ai ricettatori e somministratori di viveri, notizie ed aiuti di ogni maniera; facoltà al Governo di condannare per un anno a domicilio coatto gli oziosi, cammorristi e sospetti ladri; diminuzione di uno a tre gradi di pena ai briganti volontariamente costituiti.

« Questa legge, scrive il Riviello, accrebbe nelle nostre contrade il disordine e lo spavento, imperocchè lo spirito eccezionale ed inesorabile della legge, contro briganti e manutengoli, rinfocolò le ire partigiane, e le vendette personali in ogni paese della provincia, ed elevò spesso a prova di colpa e di condanna la fallacia degli indizi e dei sospetti, e quindi la delusione, il capriccio, l'inimicizia e la prepotenza ne profittarono, turbando la pace delle famiglie, e mettendo, alle volte, a pericolosa stregua la buonafede e la giustizia del tribunale militare di guerra sedente in Potenza.» [1]

«Questo stato di convulsioni e turbolenze durò sino al 1865, epoca in cui cessò la legge Pica ed anche il brigantaggio. E dalle statistiche risulta che, dal 1861 sino al mese di agosto 1863, in Basilicata furono fucilati 1038 briganti, ne morirono in conflitto 2413, e ne furono arrestati 2768.» [2]

Sul finire del 1863, ne restavano ancora dai 6 ai 700, ed erano i più feroci e più famosi.

Di questi, il Crocco, il Ninco-Nanco, il Tortora erano nel Melfese, e sempre con un numero non inferiore ai 200. Ai primi del 1864, venne qui spedito il generale Pallavicini, ed ebbe al suo comando l'intero 35° fanteria, il 4° bersaglieri, comandato dal maggiore Giusiana, che poi fu generale, e due squadroni di cavalleria Lucca, mentre poi a Venosa e a Lavello ci erano i cavalleggeri di Lodi, come a Candela e Lacedonia altri bersaglieri e cavalleggeri.

Pallavicini non prese mezze misure; cominciò ad agire con la massima celerità per colpire i briganti o col fuoco e con la fame. Pena la morte a chiunque somministrava viveri ad essi, e tale disposizione fu applicata senza riguardi e senza pietà. Egli non vedeva nè riceveva alcuno estraneo al suo ministero; vegliava di notte, pensando alle operazioni del domani, e la destinazione delle truppe era conosciuta pochi momenti prima della partenza. Sicchè succedeva che, ignorandosi la destinazione delle stesse, non era possibile che i manutengoli ne avessero potuto informare i briganti.

Il Pallavicini, dal comando della zona militare di Spinazzola, era stato trasferito a quella di Melfi e Lacedonia, in sostituzione del generale Franzini, che aveva sede in Rionero.

Il Franzini lasciò il comando il 23 maggio, come risulta dal seguente telegramma, diretto dal sotto-prefetto di Melfi al prefetto di Potenza: « 24 maggio – prefetto Potenza – generale Franzini da 15 giorni ammalato, ieri volle partire per Avellino ancora malfermo salute. Truppa perlustra continuamente, ma non ancora conosce località. Guardie nazionali e squadriglie animate con ordine del giorno, perlustrano indefessamente. I pochi briganti, grassatori che sono in questo tenimento, sfuggono facilmente vigilanza. Sarebbe utile squadriglia a piedi per Melfi. La prego approvarla. Il sotto-prefetto ».

---

[1] RIVIELLO: *Cronaca potentina*.

[2] PANIROSSI: *La Basilicata*.

Ed in data 29 maggio 1864, il sotto-prefetto di Melfi faceva noto al prefetto di Potenza ed ai comando della sotto-zona di Rionero, la situazione dei briganti nel distretto di Melfi col seguente telegramma diretto al prefetto: « Prefetto Potenza – Comando sotto-zona in Rionero – Bande fisse esistenti circondario sono: 1° Crocco e Tortora che frequentano Lagopesole, Cerro Venosa, bosco Montemilone e Monticchio; 2° Tortora che si aggira sempre bosco Sanfele, Santacroce, S. Cataldo, Monte Sirico, Toppo de Cillis, Buccito; 3° banda Strusci che si tiene fra questi e circondario Campagna; 4° piccola banda grassatori melfitani e barilesi che vive bosco Frasca, Cisterna, Galliano e Cerro Venosa. In tutto ascendono dai 60 ai 70 che alle circostanze si uniscono. Attaccati ed inseguiti riparano sempre in quello di Calitri, Lacedonia e Campagna.»

Sicchè il generale Pallavicini, nell'assumere il comando delle zone riunite di Melfi e Lacedonia, era a piena conoscenza della situazione del brigantaggio nel Melfese e suoi dintorni. Egli, disponendo di tutte quelle forze, delle quali abbiamo fatto cenno più sopra, si diede con ogni energia alla distruzione dei briganti.

Il Pallavicini trovò a sua disposizione guardie nazionali e squadriglie a cavallo. Di queste già nei precedenti anni ce ne erano state parecchie, ed avevano resi importanti servizi alla causa nazionale ed alla sicurezza pubblica. Nel 1864, e propriamente nei primi mesi, se ne formò una comandata dal canonico venosino, signor Giuseppe Nicola Briscese. Costui, come si scorge da un telegramma del sotto-prefetto di Melfi al prefetto di Potenza, in data 11 aprile 1864, chiese di formare una squadriglia a cavallo pel tenimento di Venosa, colla stabilita diaria. Si ripromette da ciò, telegrafava il sotto-prefetto, « utile servizio sicurezza pubblica; 28 domande già state dirette a quest'ufficio; tutti buoni cacciatori; la maggior parte proprietari. Veda se sia caso accettare proposta».

E la domanda dovè essere accettata, come risulta dal seguente telegramma, diretto al prefetto di Potenza dal sotto-prefetto di Melfi: «17 aprile – prefetto Potenza – il 15 corrente si formò squadriglia a cavallo in Venosa comandata dal canonico Briscese, annuente generale Franzini. Tutti proprietari, buoni cacciatori che si ripromettono eseguire fatti brillanti».

Intanto, con tutta l'energia spiegata dal generale Pallavicini, i briganti resistevano ancora, ed erano più feroci e sanguinari. Spesso, nelle zone militari di Melfi e Lacedonia, succedevano fatti isolati con le truppe, le quali ebbero a soffrire delle perdite, e contribuirono a non lievi preoccupazioni nei paesi. Uno di questi fatti avvenne il 2 giugno, portando il terrore e lo sgomento nella zona di Melfi. Un distaccamento di linea, che scortava viveri a quello di Sanfele, fu sorpreso da una forte colonna brigantesca. Io, fra le mie memorie, trovo che fu il 2° fanteria, cui quel disgraziato distaccamento apparteneva, ed il fatto fu grave, perchè si telegrafò al prefetto nei seguenti termini: « Notizia triste. Distaccamento linea che accompagnava oggi viveri Sanfele sorpreso forte banda briganti. Soldati 12 morti, 6 feriti, ufficiale prigioniero. Conviene assolutamente aumentare truppa, e che questa si avvalga concorso guardia nazionale.»

Questo fatto è minutamente narrato dal Bourelly nel suo libro: *Il brigantaggio nelle zone di Melfi e Lacedonia*, pag. 216 e 217.

« Ai 2 giugno pure un altro doloroso scontro avvenne al 2° fanteria. Il sottotenente, signor Filippi, da Sanfele era stato a Melfi, per riscuotere dei denari. Ritornando si fermò ad Atella, ed ebbe da quel comandante di distaccamento un rinforzo di soldati, sotto gli ordini del luogotenente, signor Bollani, quindi riprese la via di Sanfele. Giunto il drappello di circa 30 soldati vicino a Toppo de Cillis, trovò sulla strada due donne che piangevano. Il luogotenente Bollani chiese loro cosa avevano, queste, tutte tremanti, risposero che sopra il monte vi erano tanti briganti. Il tenente senz'altro pensare, riunisce la pattuglia, quindi ordina di prendere alla corsa la posizione e caricare alla baionetta i briganti. Questi, trincerati dietro a macigni, gli lasciarono venire a tiro, poi fecero loro addosso una scarica generale, nella quale 5 rimasero morti. Indi come belve feroci, a cavallo, si gettarono, in più di 50, addosso ai soldati e divisili e sanguinanti, ne uccisero altri 10 a colpi di revolver, raggiungendoli sin sotto le mura di Atella. Il luogotenente Bollani, nel ritirarsi coi suoi, onde prendere posizione in una vicina collina, si storpiò un piede e fu impossibilitato a camminare. Il suo attendente lo reggeva, ma 304 briganti lo raggiunsero, disarmarono il soldato che lo accompagnava e fecero prigionero l'ufficiale. Contenti della preda fatta, questi feroci assassini si ritirarono nel bosco di Monte Sirico e da questo in quello di Monticchio, ove trucidarono, a colpi di stile, l'infelice Bollani, seviziandolo barbaramente nel luogo conosciuto sotto il nome di Cappella del Priore. Diciotto furono le vittime, oltre il danaro che presero ed il mulo che li portava.» Questa banda aveva capo supremo Crocco, Tortora, Malacarne, Cucciariello e Caporal Teodoro, e pochi giorni dopo assalì un distaccamento dei cavalleggeri di Lucca, comandato dal tenente Matteucci, sotto la direzione del capitano di stato maggiore Ottolenghi (attuale ministro della guerra) nel tenimento di Sanfele, masseria Giannini. I briganti furono battuti, ma morirono diversi cavalleggeri, ed il capitano Ottolenghi rimase ferito al braccio destro ed al petto, da una fucilata tiratagli dal brigante Malacarne. Per questo fatto l'Ottolenghi riportò una seconda medaglia al valor militare. Ed i più feroci in questo attacco furono Caporal Teodoro di Barile e Malacarne di Melfi. Malacarne, che era stato uno pei più sanguinari in queste nostre contrade, che aveva con altri briganti ucciso il povero sacerdote Pasquale Ruggiero, i militi Cantosoli, Cocolicchio, Marchitiello di Melfi, e che unitamente al brigante Tortora li aveva, vicino alla masseria Ferrieri, barbaramente mutilati, questo feroce brigante cadde finalmente in questo attacco. Non appena il tenente Matteucci dei cavalleggeri Lucca vide ferito il capitano Ottolenghi, scese da cavallo e corse addosso al Malacarne, che disperatamente si difendeva. Ma sì il tenente, come il cavalleggero Ulgheri, lo finirono a colpi di sciabola, ed i briganti superstiti si misero in fuga. Sventuratamente morirono, come ho detto, diversi cavalleggeri, ma la uccisione del Malacarne fu una vera fortuna per Melfi, ove egli, avendo la madre, due o tre sorelle ed un altro fratello, era a conoscenza di quanto in Melfi si faceva, e costituiva la sua vita una minaccia perenne ed un terrore per gli abitanti.

E quando nel 1889, in occasione del campo di Melfi, venne per qualche giorno Ottolenghi, già maggiore generale, vedendolo una mattina uscire con un capitano e prendere la via del Vulture, pensai che quest'uomo fu salvo per miracolo dai colpi di un brigante melfitano, il Malacarne, il quale, pel suo mestiere, frequentava il Vulture quotidianamente pria di essere brigante. Ed io accompagnando la sera il generale Campo, che si ritirava nel palazzo, ove era ospitato, gli parlai di Ottolenghi ferito e del brigante Malacarne. E nella dimane, che fu la festa del campo nei locali dell'Istituto tecnico, rivedendo i generali Campo, Queirazza e Bosco di Ruffino e non Ottolenghi, gli domandai dell'assenza di costui, il generale Campo, non col suo solito sorriso, ma preoccupato troppo, mi rispose: « È al Vulture, ma fortunatamente Malacarne è morto. »

Eppure, io credo che Ottolenghi ignorava la patria di quel bandito, la sua ferocia, i suoi ricatti, i suoi assassinii.

Tutta la stampa, non solo dell'Italia meridionale, ma anche delle altre parti, si preoccupava, ed il giornale di Torino – *Il Paese* – nel n. CXXXIX, 15 giugno 1864, riceveva una lunga corrispondenza da Barile, riguardante il brigantaggio ed i fatti, in ispecie, di Atella e

Sanfele, che io amo riprodurre fra i documenti al n. VII.

Il generale Pallavicini di tutti questi fatti era preoccupato, ma col fermo proponimento di distruggere il brigantaggio, e con tante truppe alla sua dipendenza, comprese bene che primo suo atto doveva esser quello di tener di mira i manutengoli.

E ci riuscì, giacchè, allontanati e carcerati questi, e con severa sorveglianza sui proprietari delle masserie, i briganti non ebbero più tregua, ed inseguiti, battuti e sparpagliati, perdettero l'antica astuzia ed audacia, trovandosi di fronte ad un generale che, con energia di comando, colla più assoluta riservatezza, e con rapidità di movimenti in ogni operazione, li seppe sterminare. Egli faceva vestire i suoi bersaglieri a foggia brigantesca, e scelse a guida di costoro l'antico bandito Giuseppe Caruso di Atella, sul quale ottenne dal Governo il condono della pena e la piena libertà. Con tali mezzi, e con una guida come il Caruso, i briganti non ebbero più pace nè sicurezza nelle foreste, giacchè il Caruso, per il suo valore come abile tiratore, e per essere stato brigante, sorprendeva i passi e le astuzie dei suoi vecchi compagni, scopriva le relazioni, prevedeva i disegni e piombava su di essi coi bersaglieri ove meno l'avessero creduto, E quando un brigante non cadeva morto, ma invece fosse prigioniero, non veniva tradotto innanzi al tribunale militare, bensì era fucilato e sepolto là ove era preso. Fu in questo tempo che Crocco, vedendosi uccisi quasi tutti i suoi compagni, giorno per giorno, e non credendosi più sicuro nei boschi, e temendo di essere anche tradito, perchè sul suo capo era stato fissato il premio di lire 20000 dal Governo, pensò di salvarsi, lasciando Melfi e la provincia, come vedremo più avanti. « Con questo premio, dice la Commissione d'inchiesta sul brigantaggio, a pag. 120, si ottenne immediatamente l'ottimo risultamento di spargere i semi della diffidenza tra le fila degli stessi briganti; il giorno in cui Crocco sapesse che la sua testa ha acquistato un valore, non se la sentirebbe tanto sicura sulle spalle, ed avrebbe ragione di temere dei suoi più fidi. »

CAPITOLO QUINTO

Il brigantaggio nel 1864 – Ultimo attacco con le truppe –
Fine di Schiavone – Fucilazione in Melfi – Fuga di Crocco –
Arrivo nello Stato Pontificio – Suo arresto in Roma –
Incidente diplomatico – Crocco a Marsiglia e Parigi – Suo
ritorno in Roma – Nel carcere di Palliano – Alle Assisie di
Potenza – Condanna alla pena di morte – Commutazione –
Conclusione.

Nel precedente capitolo, ho parlato delle forze delle quali disponeva
il generale Pallavicini, ed ho accennato ai mezzi di cui si serviva, per
distruggere il brigantaggio nelle zone di Melfi e Lacedonia, messe
sotto il suo comando. Lo sviluppo delle forze militari, in ispecie nella
zona di Melfi, fu grande, e vedendo egli che le masnade si impiccio-
livano di giorno in giorno, aumentò le misure di distruzione con
pieni poteri militari e civili, dei quali era stato completamente inve-
stito dal Governo. Il Pallavicini, più che alla fortuna, deve il successo
alla sua attività, al suo pensiero costante di distruggerle, alla ferrea
determinazione di colpire senza pietà alcuna i manutengoli, e tutti
coloro che rifornivano di vitto, armi e cavalli i briganti.

Già egli, nel Beneventano e nelle Murge di Minervino, aveva rido-
nata la tranquillità a quelle contrade, ed era sicuro che coi premi, con
l'esempio, con l'appoggio delle autorità civili, avrebbe ottenuto il
medesimo effetto nel Melfese. Si mise quindi all'opera con tutta
l'energia della sua giovinezza, cercando di raggiungere lo scopo con
qualsiasi mezzo.

Scelse per sua abitazione il palazzo Colabella, poco distante dal
quartiere Chiariste, ove aveva sede il 4° bersaglieri, sotto gli ordini del
maggiore Giusiana, ed alla gran quantità di uffiziali di cavalleria, fanteria e bersaglieri che si trovavano in Melfi, egli aprì a trattenimento
le sale dell'Episcopio e della sua abitazione, per impedire che nei
caffè, nei circoli si fosse lontanamente parlato delle operazioni della
giornata e di quelle del domani. E fu in una di queste riunioni, che
io ebbi il piacere di essere presentato al Generale dal medico dei bersaglieri, signor Carmelo Partaro. Ed il Generale fu largo di lodi e di
encomi ad un mio concittadino, il più vecchio dei precettori di Melfi,
che, in quell'epoca funzionava da sindaco, il sacerdote Pasquale Zulli,

ed al quale, partendo il Generale da Melfi, diresse un'affettuosa e cordiale lettera in ringraziamento del suo appoggio e di quello datogli dal clero di Melfi.

Reprimere energicamente il brigantaggio, egli diceva, è un obbligo che ho assunto, è un debito del Governo, un debito di cui la Nazione ha dritto di richiedere imperiosamente l'adempimento; ma condannare un innocente anche a penosa prigionia, gli ripugnava. Perciò egli ordinò ai comandanti di corpi e distaccamenti ad accompagnare sempre l'atto degli arresti, che facessero, con un rapporto fondato su fatti, che avessero dato almeno una probabilità di provare la colpabilità dell'arrestato; beninteso che per i briganti colti con le armi alla mano, si fosse continuato, come per lo passato, nelle estreme misure. Non cessò di raccomandare che nelle perlustrazioni, in ispecie nelle masserie, i soldati si fossero ben guardati di appropriarsi di pollami od altri generi furtivamente, dando così poca opinione di sè « agli abitanti, che in tali atti di prepotenza possano quasi vedere ripetuto in piccolo i fatti di rapina che siamo chiamati a reprimere.»

Ed aveva ragione, perchè ne abusavano, compivano quasi quotidianamente questi piccoli furti, in ispecie, le guardie nazionali, sino a diventare il ludibrio di un poetastro, il quale improvvisava:

> Anche un gallo sovra un sacco
> Diede il segno dell'attacco,
> Le galline sperperate
> Furon tutte massacrate.

In altra parte di questo mio lavoro, io ho accennato alle truppe che ritrovò nelle due zone messe sotto il suo comando. Ora a rendere più chiara la posizione delle cose stesse, riporto la sede dei diversi reggimenti e le contrade che dovevano perlustrare.

Il 4° bersaglieri, i cavalleggeri Monferrato ed un battaglione del 35° fanteria estendevano le loro operazioni da Melfi a S. Venere, alla Rendina, alla masseria Ferrieri, Carlo-Francesco, Leonessa ed ai boschi di Frasca, Cugni, Cisterna, Seminiello, mentre poi guardavano le campagne di Rapolla sino alla Rendina, Tartaro ed adiacenze.

Il 16° bersaglieri, con uno squadrone cavalleggeri Monferrato ed il terzo battaglione 35° aveva sede in Rionero, e guardava Ripacandida, Ginestra, Monte Sirico, bosco Lagopesole da un lato, e dall'altro Iscalunga, Frusci, bosco S. Cataldo, Toppo De Cillis, Madonna di Pierno, Sanfele.

I cavalleggeri Lucca perlustravano le campagne di Venosa e Lavello, estendendosi nei piani dell'Olivento, Crocifisso, Mezzanone, Gaudiano, Gaudianiello, Perillo, e, coadiuvati da un battaglione 11° fanteria, si portavano nel bosco di Montemilone e nelle campagne di Palazzo S. Gervasio.

Ai cavalleggeri Lodi, con sede in Candela e Lacedonia, erano affidate le campagne che si stendevano sin sotto Ascoli e sino all'Ofanto, e quelle che da Rocchetta S. Antonio finiscono a S. Venere, al Ponte di Pietra dell'Olio, ai boschi di Castiglione e di Monticchio, ed erano coadiuvati da un battaglione dell'11° fanteria ed una compagnia del 19° bersaglieri. – Tutte queste forze erano sotto gli ordini del comandante la zona, ed eseguivano le loro operazioni con la loro maggiore esattezza e scrupolosità, sotto la direzione dei comandanti le sottozone, i quali erano o tenenti colonnelli o maggiori, e comunicavano fra loro o per telegrafo o per messi speciali composti di drappelli di cavalleria.

Con migliaia d'uomini, quindi, bene armati e disciplinati, con comandanti responsabili direttamente di ogni loro operato, con autorità civili che rispondevano completamente alla missione loro affidata ed alla fiducia del Generale, questi si mise all'opera con ogni ardore, ed ebbe la fortuna di vedere in meno di un anno sbaragliati o distrutti Crocco, Tortora, Caporal Teodoro, i Barilesi, i Ruvesi, Rocco di Palmira, Ciucciariello, Schiavone, Volonino, Sacchitiello ed altri. Ma non voglio precedere gli eventi; anzi mi piace narrarli e seguirli lentamente, e proprio nel modo come successero. E qui credo necessario dire e far notare il sommo riguardo e la prudenza che aveva il Generale sulle rivelazioni segrete che spesso gli si facevano, e che erano di alta importanza. Precauzione la quale era indispensabile, specialmente in paesi, ove la vendetta è un legato di famiglia, un obbligo di parentela, un dovere di amicizia, ed ove, come scrive il Bourelly: « un sindaco difficilmente ha tanto di coraggio civile da negare un certificato di buona condotta a persona sospetta.»

« Il Generale, prosegue il Bourelly, stabilì un ottimo sistema di spionaggio, e più ancora di confidenze, accostando solo di notte e con molte precauzioni coloro che si esibivano a tali servigi o per ricompensa o per amore al proprio paese. Accettava qualunque diceria, ascoltava i reclami di qualunque persona, e, guidato sempre da un sano criterio, sulla conoscenza degli uomini e delle cose, senza tanta pompa esteriore, sapeva appurare i fatti, che meritavano seria attenzione, da quelli che erano il prodotto di basse vendette. Nè si limitava a ciò, che per accaparrarsi sempre più la confidenza di tutti, dava a tutti i buoni soddisfazione, reclamando la giustizia a favore di coloro che ne erano stati defraudati.

Prometteva vantaggi, ed essendo queste persone bene retribuite, servivano con zelo indefesso, bene, e con utilità, poco a loro importando se venivano scoverti, non avendo più bisogno per vivere di andare in campagna, ove tosto o tardi sarebbero stati massacrati con orribili sevizie dai briganti.»

Per tutti i vantaggi che i briganti avevano avuto sulle truppe pria della venuta del general Pallavicini, si erano imbaldanziti e le bande aumentavano di numero. Crocco scorrazzava le campagne audacemente, portandosi da una provincia all'altra, da uno ad altro paese quasi fulmineamente. Il 26 giugno era nelle campagne di Spinazzola e di Minervino.

Il 27 si unisce a Tortora, e forte di 80 briganti a cavallo, riappare nel territorio di Melfi ed assale la masseria Manna. Egli però viene a sapere subito, che da Melfi era uscita una compagnia di bersaglieri, sotto gli ordini del capitano Serra, ed uno squadrone cavalleggeri Monferrato, di cui mi dispiace non aver ricordato il nome. La masseria Manna non era sicura; quindi egli l'abbandona e prende la direzione del trattuto di Venosa. Il capitano Serra lo incalza coi suoi bersaglieri, cerca di attraversargli la via verso i piani di Camarda, ma non riesce, perchè i briganti erano a cavallo. I cavalleggeri Monferrato spronano, quasi volano, ma sono troppo distanti, e Crocco guadagna le rampe di Lavello. Egli si credeva già salvo e sicuro quando, a pochi chilometri di distanza, vede sulla nazionale una grossa colonna di cavalleria. Era uno squadrone dei cavalleggeri Lucca uscito da Lavello per incontrarlo e respingerlo nei piani dell'Olivento o dell'Ofanto, ove avrebbe incontrato i bersaglieri del Serra ed i cavalleggeri Monferrato. Astuto ed accorto qual era, capì, non appena vide i cavalleggeri, che la sua posizione e quella dei suoi era insostenibile, quindi divise immediatamente la masnada in quattro o cinque bande, ed ognuna in direzione opposta raggiunse il bosco o cerro di Venosa, quello del Tartaro e di Ripacandida, passando quasi sotto Rapolla. Al bosco di Ripacandida si diresse proprio il Crocco, quando a metà via vien sorpreso da un altro distaccamento cavalleggeri Monferrato, comandato dal tenente Ieraceschi. Il tenente lo attacca, uccide due briganti, prende tre cavalli e molte munizioni, ma Crocco si salva e raggiunge il bosco di Ripacandida. Anzi fu ritenuto che si fosse ricoverato proprio in quel paese, e di questa ipotesi io mi occupo altrove.

Passarono 8 o 10 giorni e di Crocco più non si parlava. Chi lo diceva morto, chi ferito e ricoverato in qualche casa di protettori. Questa ipotesi però trovava molti diffidenti, sapendosi che Pallavicini od i comandanti le sotto-zone non accordavano quartiere ai manutengoli. La pena della fucilazione incuteva terrore, tanto più che i giudizi erano sommari e fatti da soli militari. La mattina del 7 luglio, invece, Crocco con 40 briganti a cavallo riapparve sul ponte di Cerasale. Ma una compagnia di bersaglieri, uscita da Lagopesole, lo assale, e, coadiuvata da altra dell'11° fanteria, sopraggiunta da Atella, insegue Crocco dal ponte di Cerasale sino a S. Ilario. Per più di due ore durò l'inseguimento, ma presi i briganti alle strette, si ritirarono nel bosco Madonna di Pierno, lasciando 5 morti.

Il 9 luglio, succede altro attacco a Toppo De Cillis con l'11° reggimento fanteria e 16° bersaglieri. I briganti sono battuti, e si internano nei boschi. Pareva che Crocco non pensasse più a ritornare in Puglia o nella valle dell'Ofanto, quando il mattino del 25 luglio 1864, un dispaccio del comandante la sotto-zona di Lacedonia, maggiore Barbavara, avvertiva il generale Pallavicini che il brigante Schiavone si era diretto coi suoi a ponte S. Venere, per unirsi alla comitiva Crocco, il quale aveva lasciato Toppo De Cillis ed i boschi di Bella. Correva già voce in Melfi che le comitive riunite ascendevano a circa 100 briganti a cavallo, ed immediatamente furono messe in moto una compagnia bersaglieri, una del 35° ed uno squadrone cavalleggeri Monferrato. Questa truppa prese la via dei Cugni, mentre altro forte distaccamento prese quella di Leonessa, ed un terzo la via vecchia di Monteverde, diretto al ponte di Pietra dell'Olio sull'Ofanto. Contemporaneamente usciva da Lacedonia una forte colonna dell'11° fanteria, e da Candela e Lacedonia istessa due squadroni cavalleggeri Lodi. Con queste forze così divise veniva chiusa ogni via di salvezza alla banda Crocco-Schiavone, e se questa fosse capitata in mezzo di esse, sarebbe stata la fine di quella masnada. Quando la colonna, che procedeva sulla rotabile Melfi-Lacedonia, giunse alla discesa del bosco Palo-Rotondo, vide in lontananza la banda brigantesca tutta a cavallo, che veniva in gran carriera per guadagnare il ponte, ed internarsi in quelle immense tenute boschive di quell'epoca, e che erano appellate Cisterna, Quadrone, Cariello, Monticchio. L'Ofanto era gonfio per le continuate acque cadute nei precedenti giorni. Bisognava che si fosse assolutamente passato sul ponte; i briganti quindi affrettavano, avendo visto la truppa; il maggiore Giusiana affrettava del pari per impedire

l'entrata nei boschi, e più di tutto per non perdere una occasione
così propizia, che forse mai più si sarebbe presentata. I briganti, per
far presto, lasciarono la rotabile, ed ebbero a pentirsi, perchè in quei
terreni bagnati e cretacei, i cavalli non andavano, e perdettero molto
tempo per riguadagnare la rotabile. Questa circostanza giovò molto
a Giusiana, il quale, essendo già prossimo al ponte, non avrebbe permesso il passaggio alla banda.

Crocco non si perde d'animo, e prima che i nostri vi fossero giunti, si gettò sulla sponda sinistra dell'Ofanto, sperando raggiungere il
così detto *passaturo* di Leonessa o quello di Canestrelli, per poter così
raggiungere i boschi sulla sponda dritta del fiume. Avvedutosi di ciò
il maggiore Giusiana, distacca immediatamente un forte drappello di
bersaglieri sotto gli ordini di un tenente a nome Putti (che, pochi
anni addietro, già tenente colonnello, morì nelle acque del Mar
Rosso) e lo incarica di marciare sulla riva destra dell'Ofanto, al disot-
to del casone Isca della Ricotta, per aver sempre di fronte i briganti,
che galoppavano sulla riva opposta, per guadagnare il *passaturo* di
Leonessa.

La distanza, che intercedeva fra le due opposte rive, era non lieve,
e quindi il fuoco di fucileria sarebbe stato inutile. Il tenente Putti
dovea raggiungere Leonessa, ove avrebbe trovato l'altro distaccamento colà diretto, come più sopra si è detto, ed impedire assolutamente
che i briganti potessero passare sulla destra del fiume. Sicchè
Giusiana inseguiva sulla sinistra i briganti, mentre Putti impediva
loro il passaggio sulla dritta. I briganti, consci del forte numero di soldati che avevano di fronte ed alle spalle, pensarono, giunti ad un
certo punto, dividere la comitiva, una parte della quale doveva internarsi e guadagnare le Toppe di Ascoli, mentre l'altra avrebbe dovuto
passare l'Ofanto o sotto Leonessa o sotto Canestrelli. Per questa
seconda, scelsero i migliori cavalli e cavalieri, tra cui Crocco e
Schiavone, mentre gli altri si avviarono sui piani di Ascoli e Candela.
Accortosi di questa divisione il tenente Putti, cominciò a far fuoco,
non per colpire i briganti, sì bene per far accelerare il cammino di
Giusiana. Questi difatti, credendo che i briganti già passassero il
fiume, accelera il cammino e giunge a mettersi di fronte al Putti. Ma
i briganti erano di già divisi, ed una parte aveva raggiunto il piano,
mentre l'altra galoppava verso Canestrelli, avendo perduto la speranza di passare l'Ofanto sotto Leonessa. Le due masnade si erano per-
dute di vista, ed ognuna seguiva il proprio destino.

Quella di Crocco e Schiavone, per un certo tempo ancora, continuò ad avere di fronte i bersaglieri del Putti, ma essendo questi a piedi, cominciarono a rallentare il passo e quindi davano la possibilità al Crocco di poter passare l'Ofanto sotto Canestrelli. Non così per l'altra parte della comitiva, la quale sperava raggiungere le Toppe di Ascoli ed il bosco dell'Incoronata di Puglia. Aveva di già percorso parecchi chilometri nei piani, e di non poco era distante dalle forze del maggiore Giusiana, quando si accorse che alla sua volta, in direzione dell'Ofanto, si avanzava una forte colonna di cavalleria. Erano i cavalleggeri Lodi, che, giusta gli ordini ricevuti, erano partiti da Candela e scendevano nei piani dell'Ofanto, per dare braccio forte al Giusiana.

I briganti si videro perduti: grida, imprecazioni, bestemmie, pianti ed un miscuglio di voci che inorridivano. In avanti galoppava a loro volta la cavalleria, indietro ci era Giusiana e l'Ofanto. *Si salvi chi può*, fu il grido di uno e di tutti, ed immediatamente quella compagine si scioglie, si sperpera, i buoni cavalli fuggono a dritta in direzione di Canestrelli, altri fuggono verso l'Ofanto, altri si nascondono dietro grossi covoni. Ed i cavalleggeri avanzano, avanzano a tutta corsa in mezzo ad un mormorio d'armi e d'armati; già partono i primi colpi di moschetto, qualcuno cade, altri è ferito e bestemmia ed impreca contro Dio, altri è sbalzato di sella. All'infuori delle grida e delle imprecazioni dei masnadieri, parve che la cavalleria non avesse più di fronte quelle iene armate, ma che invece combattesse contro dei morti. Erano teste fracassate, erano braccia che restavan pendenti a qualche muscolo, erano occhi che schizzavano dalle orbite, era cervello che usciva dal cranio. E non più il moschetto, ma la sciabola e le zampe dei cavalli portarono lo sterminio fra quella masnada. E poi incominciano ad inseguire i fuggenti. Di questi, parecchi precipitano nell'Ofanto, che in quel punto ha la corrente sottoposta di 6 o 7 metri al livello stradale, e venivano dall'acqua trasportati o sommersi; altri, paurosi di gettarsi in essa, eran tagliuzzati e finiti dai cavalleggeri, e pochi potettero salvarsi, avendo buoni cavalli, verso Canestrelli.

Un vecchio proprietario degli Abbruzzi, a nome Polini, che aveva in quelle contrade grosse mandre di pecore, mi raccontò, molti anni or sono, questa tremenda scena di sangue, ed io gli prestai tutta la mia fede, perchè quasi identicamente mi era stata raccontata dal tenente Putti. Ed il Polini mi aggiungeva che, all'indomani, 26 luglio, diedero, in *onore di S. Anna*, sepoltura a 19 briganti spenti, nel giorno precedente, dalle sciabole dei cavalleggeri o dalle zampe dei loro cavalli.

Intanto Crocco, Schiavone, Volonini ed altri, non avendo più a fronte i bersaglieri, e non essendo più inseguiti dal Giusiana, giunti al *passaturo* Canestrelli, potettero liberamente passare l'Ofanto, che, in quel sito, forma un letto molto vasto, e raggiungere le così dette Alvanelle di D. Lodovico Araneo, irte di spine e roseti. Queste Alvanelle, all'epoca, di cui parlo, formavano, lungo la sponda dritta dell'Ofanto, un sito verdeggiante sempre smaltato di fiori su cui spiccava il biancospino, e, non ostante i folti roveti e gli alberi annosi, delle così dette Alvanelle, costituiva, in un tempo un punto speciale e ricercato per la caccia sull'Ofanto, e un sito incerto per la dimora dei brigante. E Crocco, che ben conosceva quel luogo, non vi si fermò, e passò oltre, come dirò più avanti.

Alla sera, il Putti dovè fermarsi alla masseria Leonessa, ove incontrò Giuseppe Caruso, giunto poche ore prima colà con altri bersaglieri travestiti. Il Putti ed i suoi soldati erano stanchi ed affamati, quindi fu necessità riposarsi. Questa sosta però fu causa, nel mattino del 27 luglio, di un altro brillante fatto compiuto contro i residui, della banda Crocco. Essendo stato informato il Caruso di quello che era successo nella giornata precedente, immaginando che il Crocco di certo aveva ripassato l'Ofanto, conoscitore come era di quei luoghi, pensò subito che le Alvanelle di Araneo non potevano dargli riposo e sicurezza. *Crocco*, esclamò il Caruso, *è ora nel bosco di Cisterna, e se noi usciremo pria di giorno, vi condurrò io a sorprenderlo.*

E difatti, all'indomani, Caruso, Putti, ed un sottotenente a nome Arrivabene (se mal non ricordo) con 30 bersaglieri si partono da Leonessa, ed imboccano immediatamente il bosco Cisterna, ai cui piedi ed a poca distanza si erge il fabbricato Leonessa del Principe Doria. Quel bosco, in quell'epoca, era uno dei più maestosi e folti delle nostre contrade, ed oggi che il vandalismo della dissodazione l'ha distrutto, sono stati messi allo scoverto non pochi nascondigli frequentati dai briganti. E proprio nel centro, sotto secolari querce e intricati roseti selvaggi, se n'è trovato uno di ammirevole bellezza. Erano i bagni o le vasche dell'antica Cisterna, di cui oggi si ammirano ancora e le massicce fabbriche e la compatta costruzione ed i grossi blocchi che le formavano. Caruso conosceva quel sito, che altre volte gli aveva dato sicuro ricetto, e ad esso si volse direttamente, certo di trovarvi il Crocco. E non si era ingannato, perchè il bandito, con 10 dei suoi, era colà. Cominciava ad albeggiare, allorchè i bersaglieri giunsero in quel sito. Disgrazia volle però, che un intempestivo attacco, da parte di 4 o 5 soldati, desse l'allarme ai briganti, i quali, in un baleno, furono allo scoverto, dandosi con Crocco a precipitosa fuga. Ne caddero 3, ma Crocco anche questa volta fu salvo. Nell'ottobre del decorso anno, io, con una compagnia di amici, ero alla Leonessa. Fra questi vi era un giovane valoroso e colto di cose antiche e di studi archeologici, ed un professore fotografo, oltre un gruppo di egregi avvocati. Di questi amici, 50, giovani robusti e pieni di vita, presero la via dei bagni di Cisterna, ed al ritorno, tutti giulivi e contenti della scoverta fatta (come di cosa nuova) riportarono fotografati se stessi su quei grossi blocchi delle vasche. E io, silenzioso, guardando quella fotografia bellamente rilevata, mi ricordai del brigantaggio e di tutte le scene svoltesi in quelle contrade, e ricordando, pensai a mille cose, e fra le altre... ai caduti di Cisterna.

Il giovedì, 28 luglio 1864, il generale Pallavicini dava un pranzo ed una splendida festa da ballo a tutti gli ufficiali della sua guarnigione.

Fu questo l'ultimo scontro che Crocco ebbe con le nostre truppe, giacché egli, come vedremo più avanti, decise lasciare le nostre contrade e ricoverarsi in Roma. Di tanti e tanti che egli aveva avuto fedeli seguaci nelle sue imprese, nell'ultimo fatto di Cisterna non rimase che il solo Schiavone. Ma anche per questo si avvicinava la fine. Io, veramente, ho voluto occuparmi solo del Crocco, mentre di tutti i briganti, dei loro episodi, e delle loro gesta nel Melfese, parlo nel lavoro inedito più volte accennato. Pure, voglio dire ancora una parola sul conto di Schiavone, ultimo compagno, ed ultimo fucilato, in Melfi, dei pochi superstiti della banda Crocco. Dopo l'attacco di Cisterna, Schiavone, con 5 dei suoi, rientrò nell'Avellinese, e propriamente nel tenimento di Bisaccia, ove egli aveva amici non pochi, e protezione larga ed estesa nelle famiglie ricche. La scuola del Crocco, per quattro anni gli aveva giovato, ed egli preferiva, al duro letto della campagna, i morbidi trapunti dei signori di Bisaccia, e non era avaro verso gli altri, a cui pure li faceva godere, fra i quali il famigerato Sacchitiello. Per Schiavone, però, era suonata la sua ora, ed era destinato il maggiore Rossi del 19° bersaglieri a far prigioniero quest'ultima iena del brigantaggio.

E contribuì a questa importante cattura proprio la favorita dello Schiavone a nome Rosa Giuliani. Questa, per gelosia, o precedenti rancori, denunziò al delegato di Candela, signor Marchetti, che Schiavone, col capo-banda Petrelli di Deliceto, e coi briganti Marcello, Rendina e Capuano, la notte del 25 al 26 novembre, si sarebbero ricoverati nella masseria Vassallo. Il delegato avvertì imme-

diatamente il maggiore Rossi, il quale, senz'alcun indugio, ordinò che
un drappello di bersaglieri, sotto gli ordini del capitano Molinati, ed
un distaccamento dei cavalleggeri Lucca, alla dipendenza del tenente
Arditi, si fossero portati in detta masseria. Giunti colà a notte inol-
trata, mentre imperversava un uragano, circondarono il fabbricato. I
briganti tentarono salvarsi colla fuga, ma fu inutile, giacchè tutti 5
vennero arrestati dalle truppe.

Tradotti a Melfi, il mattino 28 novembre 1864, furono giudicati da
un Consiglio di guerra e condannati alla fucilazione.

Pria che questa si eseguisse, successe un fatto curioso, che amo
narrare. Schiavone, abbandonata la Rosa Giuliani, strinse relazioni
con una sua ricattata, a nome Filomena Pennacchio. Questa povera infelice, da qualche tempo, era nascosta in Melfi in una stanza
della levatrice Angiola Battista Prato, cui Schiavone pagava un
carissimo affitto. L'Angiola Battista era, in quell'epoca, l'unica levatrice esistente in Melfi. Di fattezze giunoniche, arguta, piena di brio
e di spirito, aveva saputo conquistarsi la simpatia di tutti, e non
poteva far nascere alcun sospetto sopra di se, giacchè godeva la protezione di quasi tutte le autorità e di tutti i proprietari. Schiavone,
vedendo incinta la Pennacchio, di notte tempo, la condusse in
Melfi presso l'Angiola Battista, per attendere il parto, e prestarle
tutta l'assistenza. La levatrice, pensando che in Melfi era la protet-
ta di tutti, non si lasciò pregare due volte per ricoverarla, sicura
com'era della generosità di Schiavone. Ora avvenne che, non appena fu comunicata a questo la sentenza di morte, egli, con le lagrime
agli occhi, chiese per carità di rivedere la Filomena Pennacchio, e
promise che avrebbe rivelata la casa ov'era nascosta, se il Generale
gli dava parola di contentarlo. Fu risposto affermativamente, e
Schiavone svelò subito nome, cognome e sito. In un baleno la casa
fu circondata di soldati e guardie e la Filomena difatti fu rinvenuta
nella stanza indicata.

Schiavone e la Pennacchio si videro, si baciarono, e la separazione
fu commovente. Schiavone si inginocchiò, le baciò i capelli, le mani,
i piedi e chiedendole perdon, la stringe fra le sue robuste braccia, e
le scocca l'ultimo bacio d'amore.

L'ora della fucilazione era giunta. Uscendo dal carcere, chiese un
sigaro all'ufficiale che comandava la scorta. *Sia cortese darmelo*, egli
disse; *da qui ai Morticelli ho giusto il tempo di farmi una fumata*. E
difatti, accese il sigaro, e si avviò coi compagni pel sito del supplizio.
Il drappello era preceduto da altri 3 soldati, che battevano lentamen-

te e cupamente i loro tamburi. Seguivano, dopo due o tre passi, i disgraziati in mezzo ai soldati, avendo ai loro lati due sacerdoti melfitani, a nome D. Felice Cautela e D. Luigi Cocolicchio. Salmodiavano delle preci, e di tanto in tanto si udivano le parole tremule: *proficiscere anima Christiana de hoc mundo.* Attraversarono la piazza – quella piazza, dove, nel 1861, erano entrati trionfanti – pallidi e sconvolti ed uno tutto tremante; fecero la discesa del Carmine, ed alle 8,45 del mattino giunsero al luogo destinato per l'esecuzione, al piano dei Morticelli. Alle 9, in quel sito, giacevano i cadaveri dei 5 uomini che tante vittime avevano fatte e tante famiglie distrutte.

È inutile dire che la levatrice riportò condanna non lieve.

Ma a Pallavicini assisteva una fortuna negata ai suoi predecessori. Nessuno ottenne in sì breve tempo tanti splendidi risultati quanti n'ebbe qui. Il Generale era preoccupato di un altro terribile capobanda, Sacchitiello, denominato il *caporal Agostino*, che tanta desolazione portava nella zona di Lacedonia.

Un giorno il Generale ebbe certezza che Sacchitiello si trovava in Bisaccia, ricoverato in casa di ricchi signori. Ma quale era questa casa? quali questi ricchi signori? La Filomena di Schiavone fu quella che scovrì tutto. Essa indicò al Generale che in casa dei signori Rago Michele, luogotenente della guardia nazionale, e Rago Donato suo zio, vi era in una camera sotterranea questo capo-banda con tutti gli altri briganti.

Saputo ciò il generale Pallavicini, mandò gli ordini più precisi con minute indicazioni, al maggiore dei cavalleggeri Lucca, signor Galli, comandante le truppe in Bisaccia. La sorpresa del maggiore fu non lieve all'arrivo di quel telegramma; ma gli ordini erano certi ed imperativi, e dovè convincersi della esattezza. I signori Rago, per allontanare ogni sospetto sul loro conto, avevano aperto il loro palazzo a trattenimento nella sera a tutti gli uffiziali di cavalleria e bersaglieri. E proprio in quella sera davano una festa da ballo. Al piano superiore si intrecciavano le danze, mentre, nel nascondiglio sotto la volta della loro galleria, i briganti banchettavano. L'orologio della casa comunale batteva le ore 11, quando il palazzo Rago venne circondato dai soldati. Con le indicazioni precise che il maggiore aveva ricevuto, si portò direttamente con 20 bersaglieri e cavalleggeri nella stanza indicata, dalla quale, e per mezzo di una gradinata nascosta dietro un grosso armadio, si scendeva nel sottoposto locale. Distaccato dal muro l'armadio, si presentò la porta che fu facile aprire. Discesi, trovarono difatti il capo-banda Sacchitiello Agostino

e Vito Sacchitiello, il brigante Gentile Pasquale, la druda
Giuseppina Vitale, e quella del Crocco a nome Maria Giovannina
di Ruvo.

Tutti questi furono tradotti in Avellino e messi a disposizione del
tribunale militare, ed i signori Rago, uomini e donne, siccome era
cessata la legge Pica, ebbero chi venti, chi quindici, chi dieci anni di
lavori forzati.

Ho voluto narrare questi due episodi del brigantaggio, allonta-
nandomi per poco da Crocco. Ma ritorno sull'argomento principale
del mio lavoro, e ripiglio la narrativa intorno al bandito, da dopo il
fatto di Cisterna.

Si era già in agosto dell'anno 1864, quando Crocco, inseguito sempre dagli armati del generale Pallavicini e dal Caruso, con otto dei
suoi, prese la volta del territorio romano.

« Quando la lusinga svani, egli disse, e quando giungemmo al
punto di ammazzarci l'uno con l'altro, seppi pure che qualcheduno si
era compromesso con le autorità di farmi prendere vivo o morto, e
mi decisi a partire. »

Come difatti egli abbandonò la Basilicata, e camminando di notte
attraverso monti e foreste, cercando sempre evitare paesi, e passando
inosservato dalla pubblica sicurezza di quattro provincie, toccò lo
Stato Pontificio il 24 agosto 1864.

Il giorno dopo giunse a Roma, e fu messo nelle carceri Nuove
(documento n. VIII).

Nel 25 aprile 1867, Crocco fu tradotto a Civitavecchia, e di là,
sopra un vapore delle Messaggerie Imperiali, fu menato a Marsiglia e
poi a Parigi, e da questa città, dopo alcun tempo, fu novellamente
ricondotto a Marsiglia, poscia a Civitavecchia e quindi a Roma, dove
fu messo nelle Terme Diocleziane fino al marzo 1869. Come fosse
trattato dalle autorità romane, egli stesso lo dice:

« Quand'io in Roma fui messo in prigione, reclamai più volte
contro l'ingiusto trattamento che mi si usava. Una volta feci sapere
per mezzo del giudice Pianore al re Francesco II che io gli aveva ren-
duto dei grandi servigi, e che in compruova aveva due lettere che al
re medesimo erano spedite da Bari. In risposta mi si fece sapere che
il re non poteva ammettermi alla sua presenza per non comprometter-
tersi colle Potenze, ma che però mi confortava a stare di buon
animo. Lo stesso mi fece ripetere altra volta, per monsignore
Matteucci. Le autorità pontificie poi mi fecero sentire che esse non
mi potevano mettere in libertà, perchè il Governo italiano le avreb-

be accusato alle Potenze estere di favoritismo e di protezione verso i
briganti. » [1]
E, parlando dello stato in cui si trovava Francesco II, dice:
« Francesco II era più infelice di me, perchè soffriva insulti e mal-
trattamenti nel suo palazzo peggio di me. Vigilato e sorvegliato da tre
polizie, la papale, la francese e quella del comitato liberale. » [2]
Occupata Roma, il Crocco, nel 26 settembre 1870, fu trovato in
prigione nel forte di Palliano, circondario di Frosinone, e, come ho
detto in altra parte, subì il primo interrogatorio nel 20 dicembre. Indi
fu condotto a Potenza dalle carceri di Avellino, ove rimase più di un
anno, e venne, nel nostro capoluogo di provincia, imputato di dodici grassazioni, 67 omicidi consumati, 7 omicidi mancati, 4 attentati
all'ordine pubblico, con strage, devastazioni, e saccheggi, 5 ribellioni,
20 estorsioni, 15 incendi di case e di biche con un danno di oltre un
milione e duecentomila lire. E queste erano le accuse principali, mentre la sua fede di perquisizione, che io non riporto perchè troppo
lunga, ne addebita al Crocco centinaia di altri. E bisogna notare che
la fede di perquisizione data da dopo l'impianto del casellario, mentre di tutti gli altri reati, pei quali fu condannato a 18 anni di ferri
dalla Gran Corte criminale di Potenza, non se ne fa parola nel certificato che ometto. Il dibattimento durò tre mesi, e con sentenza della
Corte ordinaria di assisie del dì 11 settembre 1873, venne condannato alla pena di morte: condanna che non si eseguì, giacchè, con decreto reale 13 settembre 1874, gli venne commutata la pena di morte
in quella dei lavori forzati a vita.
In questa causa fu presidente il cavalier Alessandro Fava e procuratore generale il cavalier Camillo Borrelli.
Intanto, non senza ragione, nella coscienza pubblica si sospettò che,
non vedendosi eseguita la sentenza di morte, ed era trascorso un anno
dalla data, influenze straniere, e quindi ragioni di Stato, ci dovettero
essere, e si disse che il Governo italiano dovè subire il volere francese,
e che perciò trascorse un anno per la commutazione della pena.
Certo, con quaranta capi di accusa, con tanti delitti commessi, e
quando la pena di morte non era ancora stata abolita, commutarsi
questa nei lavori forzati a vita, impressionò fortemente ed i sospetti
divennero certezza.

---

[1] Processo Crocco. Interrogatorio dell'accusato.

[2] Processo Crocco. Interrogatorio dell'accusato.

E questa certezza era anche avvalorata dal fatto successo nel porto di Genova a bordo di un vapore delle Messaggerie Imperiali, che trasportava Crocco in Francia. Giunto questo vapore nel porto di Genova, proveniente da Civitavecchia, e sapendosi che Crocco vi era a bordo, il Governo italiano si credè autorizzato a farlo arrestare. Non la pensò così Napoleone III, il quale ne reclamò il rilascio, sostenendo che non si aveva il dritto dell'arresto su di una nave di altra Nazione. E Crocco venne riconsegnato, e forse, anche la pena di morte, per considerazioni e condizioni politiche, dovè essere commutata. Forse furono supposizioni, forse furono sospetti, ma non si può mettere in dubbio che ebbero un fondamento di realtà: fondamento che per lo meno è accennato a quanto successe all'udienza del 21 agosto.

L'avv. Guarini e gli altri della difesa di Crocco domandarono il rinvio della causa, per diversi motivi, fra i quali:

« Se Crocco fu mandato a Marsiglia, per essere poi tradotto in Algeri, ciò avvenne per transazioni diplomatiche tra il Governo pontificio ed il Governo francese, coll'acquiescenza del Governo italiano. »

Non reca quindi meraviglia che il sospetto si fosse fatto larga strada per il convincimento, e questo crebbe maggiormente, quando due anni dopo, e propriamente sabato 14 agosto 1875, in Potenza, dal palco di morte rotolò la testa del famigerato Aliano Federico di Paterno – villaggio di Marsico Nuovo – accusato di 50 reati di ogni sorta, fra i quali 12 omicidi premeditati, 7 volontari, 8 mutilazioni, mentre Crocco imputato di tutti quei reati, come ho detto più sopra, ottenne la grazia, pure avendo l'anima contaminata di ogni specie di colpa.

E non era la prima volta che col Governo francese succedessero di simili incidenti per l'arresto di briganti su vapori delle Messaggerie Imperiali.

Nel 1869 il brigante Cipriano La Gala e quattro altri suoi compagni furono arrestati anche nel porto di Genova a bordo del vapore francese l'*Aunis*. Ma il nostro Governo fu obbligato restituirli al Bonaparte, che li rivendicò con imperiosa istanza. Gl'incidenti furono lunghi e noiosi, ed in data di Torino, 19 luglio 1863, il nostro Ministro degli esteri, Visconti Venosta, faceva un lungo dispaccio all'Ambasciatore italiano a Parigi, cavalier Nigra, il quale termina con le seguenti parole: « Noi ci crediamo adunque autorizzati a chiedere che sia aperta un'inchiesta sulle circostanze per le quali i 5 delinquenti, di cui si tratta, hanno potuto essere ammessi, malgrado la loro lugubre fama, a prendere passaggio a bordo dell'*Aunis* ed a godere della protezione francese, della quale sono veramente indegni per ogni riguardo. Noi chiediamo inoltre che siano dati ordini formali, affinchè non si possa d'ora innanzi condurre impunemente nei nostri porti e nelle nostre acque territoriali individui, i delitti dei quali turbano in modo permanente la tranquillità d'Italia, e sollevano a buon diritto lo sdegno degli uomini onesti di tutti i paesi.»

A completare la fosca figura del Crocco, riporto le parole dettegli dal Presidente:

« *Presidente*: Carmine Crocco, sentite – O voi siete stato un gran birbante, o siete un grande sventurato. Voi siete stato carcerato sotto il Governo passato, carcerato in Roma, carcerato ora; respinto dalla reazione, respinto dai liberali; pare che per voi non vi sia stata mai pace.»

A cui, adirato, Crocco risponde:

« Mai pace con nessun Governo ed in alcuna epoca. Cerchiamo di fare pace adesso, per carità!... Queste quattro ossa mi sono rimaste – Ora se le piglia Tata Vittorio, le divida un pezzo peduno, e se ne fanno bottoni.» [3]

« Tal fine, scrisse il Panirossi, ebbe un uomo che uscito dalla plebe la signoreggiò; nemico ai notabili li ebbe ai pie'; nato nei campi penetrò nelle città, e per breve ora vi fu principe.» [4]

Ancora una parola, pria di finire la narrativa di queste mie memorie. Molti fuori Melfi ed anche in Melfi, mi hanno dichiarato non credere assolutamente Crocco autore della sua autobiografia, non ritenendolo capace ed atto a scrivere in quel modo. Io ho già detto nella prefazione di crederne il Crocco autore per diverse ragioni; e ad avvalorare questa mia affermativa, riporto un brano del giudizio dato su Crocco dall'illustre professore PASQUALE PENTA dell'Università di Napoli, nella *Rivista mensile di Psichiatria forense*, numeri 8 e 9 dell'agosto e settembre 1901.

Il predetto professore, avendo visitato il Crocco, per uno studio speciale sui delinquenti e delitti primitivi, si esprime a pag. 236 nel seguente modo:

« Il direttore del bagno penale di Santo Stefano mi ha dato le seguenti note su Crocco:

[3] Processo Crocco. Udienza 20 agosto 1873.

[4] PANIROSSI: *La Basilicata*.

Delinquente gravissimo, pericolosissimo: condannato a morte e poi graziato da S. M. Vittorio Emmanuele II. A lui sono stati imputati 74 reati tra omicidi, grassazioni e ricatti: bisogna tenerlo severamente e continuamente in osservazione.» Ed il prelodato professore, nello studio che fa del bandito, racconta un po' la storia, e crede vedere in lui, forse, il germe della pazzia della madre, morta nel manicomio di Aversa nel 1851. E lo descriviamo: «Alto della persona (1,75), robusto, svelto, con occhio indagatore, sospettoso, attento.

Non vi è nel suo corpo di straordinario che la grandezza e la sporgenza dei semi frontali e delle arcate orbitali, ed un cranio rispetto alla statura non molto grande (55 centimetri di circonferenza massima). La circonferenza toracica è di 92 centimetri, la persona è ancora dritta e resistente, dopo una vita agitata, piena di stenti, di sofferenze, di timori e di pericoli di ogni sorta.

È una intelligenza non ricca al certo, nè libera di superstizione (anch'egli porta il rosario al collo, abitini ed amuleti), ma chiara, ordinata e sicura. Non è andato a scuola, ma durante la sua vita di pastore, un po' da sè, un po' aiutato da qualche compagno, imparò a leggere e scrivere in qualche modo, da potere esprimere dialettalmente i suoi pensieri sulla carta, facendosi comprendere molto bene. *Che anzi egli ha potuto così scrivermi tutta la storia della sua vita, prezioso documento che poi io ho smarrito, per colpa non mia.*»

E qui do termine a quanto io avevo preparato. Debbo però dichiarare che del Crocco ho riportato semplicemente i fatti più salienti della sua vita brigantesca, tralasciandone altri minori, tralasciando altri scontri, nei quali purtroppo vi furono vittime gloriose di nostri soldati. Egli che, come abbiamo detto, tenne per quattro anni la campagna con un'astuzia ed un ingegno veramente non comuni, a quando a quando scompariva per qualche mese, anche per medicarsi le ferite riportate, e, quantunque lui assente, pure la comitiva continuava a portare il nome del Crocco. E così successe per il tenente Enrico Pizzagalli dei cavalleggeri Saluzzo, il quale, inseguendo, nel 20 marzo, nelle Murge di Minervino, una banda, fu ucciso da una scarica fatta dai briganti del Crocco dietro un muro. Il capitano Addone dei lancieri Milano, il cappellano militare dello stesso reggimento, Gaspardone ed il chirurgo Gardone furono assassinati il 29 ottobre 1861 dalla banda Crocco presso la cappella dell'Incoronata nelle vicinanze di Foggia. Crocco era sempre il capo, quantunque, in certi momenti, si trovasse assente.

Eppure lo stato numerico delle forze nelle nostre provincie era imponente, giacchè la totalità dei corpi combattenti o frazione di essi era di 85 940 uomini, mentre le forze mobilizzate ammontavano a 65 875, come risulta dalla *Relazione d'inchiesta sul brigantaggio*, pag. 87. Queste forze erano ripartite in parecchie zone o sotto-zone militari, i cui comandanti avevano piena libertà di azione nelle operazioni contro il brigantaggio. In queste forze erano compresi 7 reggimenti di cavalleria, cioè i lancieri Montebello, i lancieri Aosta, i cavalleggeri Lucca, gli usseri Piacenza, i cavalleggeri Saluzzo, i lancieri Milano, i cavalleggeri Lodi; e tutti stanziati in Capitanata, nel Salernitano, nella provincia di Potenza, di Bari, Lecce, Caserta e Benevento. E quando oggi tornano alla mente le glorie di ognuno di quei reggimenti, il nome che avevano, e che pure avrebbe dovuto conservarsi, fa pena pensare che oggi ognuno di quei gloriosi sia stato sostituito da un numero, e la gloria di un nome, pieno di poesia nazionale, ridotta ad una cifra. E saranno così un ricordo storico gli Usseri Piacenza, le Guide, i Lancieri Milano!

Il brigantaggio, nelle nostre provincie, costò la vita a centinaia e centinaia di soldati e non pochi ufficiali. Eppure, non vi fu, fra tutte quelle truppe di ogni parte d'Italia, un solo atto di mancanza di disciplina. In questa ingloriosa e mesta guerra contro il brigantaggio, l'Esercito italiano non ha curato nè pericoli, nè disagi, nè fatiche per adempiere il proprio dovere. E, fra i corpi combattenti, in quelle tristi e dolorose circostanze, ve ne fu uno della nostra provincia, che meritò una menzione particolare nella predetta relazione. Intendo parlare della cavalleria formata dal signor Davide Mennuni di Genzano, forte di oltre 100 uomini, e fra i quali vedo ancora superstiti due Melfitani, Di Lalla Vincenzo e Russo Francesco, entrambi poveri, vecchi ed il secondo ridotto quasi cieco. Essi resero segnalati servizi in quei tempi, e furono guide oneste e fidate di valorosi come il generale Pallavicini, il maggiore Giusiana e tanti altri che, forse oggi, sono nel sepolcro.

E dopo quasi quattro anni di massacri, d'incendi, di ricatti, depredazioni ed ogni sorta di violenza, di cui furono teatro queste nostre contrade, dopo che caddero tanti valorosi militari, dopo che si è gridato, strepitato, urlato di dolore e di spavento all'orrido spettacolo di famiglie intere immolate, di campi e case date in preda alle fiamme da orde di belve efferate, dopo che queste contrade furono ridotte quasi alla disperazione ed all'impotenza, dopo tutto questo, il sentimento dell'Unità della Patria è rimasto sempre più saldo, ed i dolori sofferti costituiscono un serto di gloria immortale che niuna forza potrà mai più distruggere.

DOCUMENTI

I

Relazione GAETANO LAVIANO: *Corriere Lucano*, anno 1861, n. 12:
LA REAZIONE DI BASILICATA IN APRILE CORRENTE ANNO.

Ho seguito con interesse i racconti sul brigantaggio, che ebbe testè
per teatro delle sue operazioni questo circondario di Melfi, ed ho
dovuto conchiudere come la stampa periodica, sollecita solo di sod-
disfare la impazienza del pubblico, trascurava verificarne la esattezza;
il perchè, sopra corrispondenze di persone, che non so dire, se illuse,
o illudenti, ed anche su rapporti di funzionari interessati a magnifica-
re l'opera loro, ci han regalato un romanzo, in vece di una storia. Ma
sarà facile il conoscere quanta fede debba aggiustarsi anche alle corrispondenze dei giornali i più accreditati italiani e stranieri, per chi si
faccia a considerare la confusione di tempi, di persone e di luoghi
diversi, e discosti le cento miglia. Or io, senza volermi addentrare in
minuti particolari, che mi farebbero trascorrere a lungo, e su cui la
voce pubblica non ancora ha potuto pronunziare il suo *verdetto,* ho
stimato meglio tacerli, lasciando che siano stabiliti e coordinati da
una diligente istruzione, la quale potrà solo sceverare dal vero quanto
la buona fede, la malizia e le passioni vi hanno aggiunto. Così facendo, non avrò pregiudicato neppure alla fama di persone, su cui pesa-
no gravi accuse; e ciò non ostante, non condanno alla pubblica ese-
crazione, come altri han fatto.

Il partito reazionario, volendo approfittarsi dell'audacia de' due
capo-briganti, Crocco di Rionero, e Vincenzo Mastronardi, comune-
mente d'Amato di Ferrandina, capraio l'uno e barbiere l'altro, nonchè del sarto Michele La Rotonda di Ripacandida, e del già servo di
pena Giuseppe Nicola Stimma, contadino di Avigliano, andava da
qualche tempo arruolando una quantità di birbanti di tutte le provincie limitrofe a questa, per riunirli in giorno e luogo da determinarsi,

e procedere quindi al *bramato saccheggio* all'ombra di un trono, da rialzarsi col soccorso di nordiche falangi e di un esercito borbonico ai comandi del generale Bosco, che davasi a credere aggirarsi incognito per queste contrade!

La parola d'ordine da' comitati borbonici non si fece molto aspettare, e sceglievasi per base ad una cospirazione ordita su larga scala quella provincia istessa, che non ha guari rendevasi tanto benemerita alla causa italiana, e ciò non solo per ragioni topiche, e per essere all'intutto sguernita di truppe; ma perchè in quei tenebrosi consigli erano le prime vittime designate quelli, che prima iniziarono, e propugnarono il movimento nazionale, contro de' quali si andavano già ripetendo in ogni paese da' maligni tali canzonacce, che non lasciavano punto a dubitare sopra un piano preconcetto. Laonde, i soprannominati briganti, che dalla fine di marzo di quattro erano a dodici, e che pubblicamente e senza molestia alcuna grassavano per le campagne di Melfi, Lavello, e confini di Capitanata, si riunivano nei Casali di Avigliano (5 aprile) a molti altri ribaldi già assoldati, e marciavano nella notte del sette su Ginestra, e la prossima Ripacandida, paesi, che fornirono il maggior contingente: in quest'ultimo uccidevano il capitano di quella guardia nazionale, disarmavano il corpo di guardia, ed abbattuti li stemmi di Casa Savoja rialzavano i borbonici. Quindi ingrossati da gentame, allettata alla promessa del saccheggio della vicina Venosa, prendevano quella volta (11 aprile), dove a quei patriotti fu forza dover cedere nel vedersi minacciati alle spalle da una plebaglia furente, che con bandiere bianche mosse ad incontrare i campioni del Borbone. Affermasi che quivi fosse stato consegnato al capraio Crocco il brevetto di generale borbonico; al barbiere d'Amato quello di tenente colonnello; al sarto La Rotonda l'altro di maggiore, ed al contadino galeotto Summa quello di capitano, gradi di cui assumevano in fatti il titolo ed i distintivi!

Or mentre quell'avida turba si sbrana per tre giorni e tre notti delle sostanze di quei cittadini, e vi commette omicidi, stupri, ed altri eccessi, dirò che nei boschi di Calitri, provincia di Principato Ultra, limitrofi a vaste tenute boscose di Basilicata, e proprio in vicinanza di Ripacandida, Venosa ed Avigliano, altra simile banda stava organizzandosi fin da marzo, in gran parte soldati borbonici di quel comune, e già aveva acquistato proporzioni minacciose, giungendo a circa 200; ma l'arrivo d'una compagnia di soldati (7 aprile) e le nuove sulla sconfitta reazione in Napoli e Vulturara, la obbligò a disciogliersi, rifugiando la maggior parte a quella del Crocco. Nè tacerò ad onore di questi buoni patriotti, che in momenti così supremi (6 aprile), minacciati da doppia invasione, fugavano altra banda accessoria di oltre trenta briganti armati, provveniente dai Principati, da un bosco nelle vicinanze di Calitri, ove erasi diretta, sotto gli occhi dell'orda principale.

Cresciuta d'altri elementi la masnada del Crocco, dopo Venosa invadeva Lavello (14 aprile) e quindi Melfi, Rapolla e Barile (dal 15 al 16 aprile) commettendovi dove più, dove meno il solito, e nell'ultimo segnatamente molte case furono saccheggiate ed incendiate, ove incendiavano magazzini di zolfo e di olio, che versandosi dai rotti recipienti andavano ad inondare le pubbliche vie! Ma la giustizia divina li colse sul teatro delle maggiori loro iniquità; dappoichè circa un 200 prodi del 30° di linea, comandati dal capitano Gennari con poche guardie di S. Fele e Rionero li affrontarono la prima volta, e sbaragliarono (16 aprile); molti ne uccisero, molti altri ferirono, e fecero prigionieri.

E qui fa d'uopo osservare come i comitati borbonici ben si avvisavano della opportunità di Basilicata ai loro disegni, bisognandoci dodici giorni per avere soccorso di truppa regolare, rientrata quella ch'era a Calitri in Avellino, e visto avendo che le guardie nazionali coi soldati del *Battaglione Lucano* avevano dovuto ritirarsi da Rionero ov'erano mal sicure, e cacciate vennero alle spalle a fucilate da Atella, ove la guardia di S. Fele perde due uomini ed ebbe sette feriti. Incidente che, sciolto il corpo delle guardie nazionali (11 aprile), gittò nello sconforto i buoni ed inanimì i tristi.

Intanto, mentre l'avida e vil turba che teneva dietro a Crocco e compagni spariva per sempre al primo colpo di fucile, non così gli avanzi di quella, che ricovratisi nei vicini boschi di Monticchio, movevano (20 aprile) ad invadere la vicina Monteverde. Quivi la solita scena del saccheggio, incendio ecc., ma nel dì stesso, avvertiti che una compagnia di forze regolari da Carbonara moveva ad attaccarli, presero in modo le loro disposizioni da riportarne un lieve vantaggio, e mentre lasciavano ai nostri occupare Monteverde, si spingevano per la strada dei boschi sopra Carbonara, ove s'impadronivano delle munizioni, ed altri fornimenti, che i soldati avevano lasciato per essere più spediti nelle operazioni; vi uccidevano un furiere ed un soldato, un altro facevano prigioniero, i rimanenti si salvarono. Anche da quest'ultimo paese, dove il popolo feroce aveva nel 21 ottobre ucciso i migliori galantuomini e saccheggiate le loro case, portarono via il poco che vi avanzava, e che, per lo azzardo, non si ebbe il tempo di

nascondere. Nella sera istessa poi il grosso della banda pernottava in
una masseria di Calitri, il resto si fermava in Carbonara per sorvegliare i movimenti dei soldati in Monteverde.

L'indomani (21) apparvero sopra Calitri, dove, non ostante lo spirito di pochi generosi pronti a resistenza, il popolo minuto, guidato
dagli sbandati borbonici, e da altri tristi, reliquia dell'altra banda
discioltasi, come dissi, usciva con bandiere bianche ad incontrarli e
menavali trionfanti nel paese al grido: *Ha vinto Francesco: viva
Francesco!*

I comuni di Pescopagano e Calitri, distanti a cinque miglia da' lati
opposti della valle dell'Ofanto, e ad una visuale che li ravvicina a più
di tre, sono in grado di vedere, anche ad occhio nudo, la gente, che
si aggira intorno alle rispettive mura. Or noi, consci dell'avvenimento del dì innanzi tra la truppa ed i briganti sotto Monteverde, al vedere insieme al popolo l'ingresso di molti armati, distinti al lucciar
delle armi, gioimmo fuor di misura, credendoli essere i nostri salva-
tori, che, da Melfi, Rionero, ed altri paesi al lato opposto dei boschi,
fossero venuti a chiudere gli sconfitti da quest'altra parte: in tale certezza non rimaneva a custodirsi per chiuderli in un cerchio, che la
linea, su cui son posti i tre comuni di questo mandamento; e però
tosto spedimmo un messo in Calitri, chiedendo il da farsi da noi per
contribuire così alla distruzione dei briganti ricoverati nei vicini
boschi.

Ma i primi fuggiaschi di quel comune cangiarono tosto in lutto la
nostra gioia. Nondimeno non ci perdemmo d'animo, e, comunque
pubblicamente minacciati di esterminio in Calitri, ci preparammo a
sostenere l'imminente attacco. Tutta la notte si vigilò, e tre fidi messi
a poca distanza da Calitri dovevano istruirci con altrettanti fuochi
delle mosse del nemico: ma nulla in quella notte. Nel dì seguente
(22) la densa nebbia ci toglieva il veder da lontano, allor che finalmente, al toccar delle ore dieci, vedette, ed i posti avanzati ci annun-
ziavano che i briganti movevano a questa volta.

E qui non mi si accusi di parzialità, dappoichè i fatti giustificano
pur troppo i miei detti, se affermerò come questa brava guardia
nazionale, nonchè tutt'i sacerdoti atti alle armi, e generosi patriotti,
alla cui testa ponevasi il Regio giudice D. Fortunato Gorrasi, per
quanto ottimo magistrato, altrettanto valoroso cittadino, non volle
rimanersene sulla difensiva, ma, invece, moveva a bandiera spiegata,
ed al grido di viva Vittorio Emmanuele II, ad occupare delle posizioni avanzate, se nonchè posteriori avvisi ci vennero assicurando, che la

banda a mezza strada avea deviato pel vicino comune di S. Andrea, a tre chilometri da Pescopagano, e n'ebbe ben donde, perciocchè dalle uniformi relazioni di quanti incontrava per la campagna fu istrutta appieno dei nostri preparativi di resistenza. Laonde il *generalissimo*, tenuto consiglio col suo *stato maggiore!* ordinava a suon di tromba prendesse altra strada.

S. Andrea è un piccolo comune di Principato Ultra, discosto poco più d'un miglio all'occidente di questo paese, ed è residenza dell'arcivescovo di Conza. Or quella guardia nazionale, ben limitata per numero, era impotente a resistenza per mancanza d'armi, non possedendo che 25 fucili tra dello stato e di privata proprietà, avendone molti perduti nella reazione di Ariano, all'approssimarsi perciò della banda, composta di oltre 200 briganti, s'ebbero appena quei buoni patriotti il tempo di ricoverare le loro famiglie nell'Episcopio, e fuggirono nella parte opposta dell'abitato.

Avea però la Provvidenza segnata una fine nell'avvanzarsi di quei vandali! Una parte ancor gavazzava tra i banchetti, ed il resto dava opera al saccheggio, quando una spia di qui (che di traditori non v'ha penuria dovunque), avvisava il Crocco, come, arrivatoci verso le 5 e mezzo pomeridiane l'opportuno soccorso di oltre a 200 tra militi nazionali e soldati del Battaglione Lucano, tutti comandati dal maggiore signor Bruno, ed ingrossata da un numero poco inferiore dei nostri, si avanzava a gran passi per assalirli, chiudendoli in mezzo. A tale annunzio i capo-briganti si adoperano in tutt'i modi a raunar le sparte turbe minacciando e percotendo i più pigri, e non si arrestano che sotto Calitri, dove sperano buona accoglienza; ma questa volta furono anche da colà respinti, perchè avvisati per quello che erano, vile ciurmaglia, non i temuti vincitori come prima li credettero; e senza la nebbia ostinata, che tolse ad ora avanzata, ivi non ne sarebbe rimasto pur uno.

All'indomani (23) una parte dell'orda, circa un centinaio, si rannodava pigliando la strada dei boschi verso quello di Lagopesole tra Ripacandida ed Avigliano; molti altri rimanevano dispersi nella valle dell'Ofanto, dominata e cinta da una corona di paesi a breve distanza, cioè Calitri, Cairano, Conza, S. Andrea, Pescopagano, Rapone e Ruvo, i quali, ad onor del vero, fecero tutti il loro debito; perciocchè nel giorno istesso ne erano presi sedici in Calitri, dei quali sei fucilati; tre cavalli presso Cairano; quattro altri ribaldi tra Conza, S. Andrea e Pescopagano, tra i quali il famigerato *maggiore* La Rotonda, che fece importanti rivelazioni, e fucilati egualmente, e nove presso Rapone, di cui un solo fucilato. E qui non tacerò a lode della guardia nazionale di S. Menna, vicino paese di Principato Citra, come volenterosa fosse accorsa in nostro aiuto, cooperando alle anzidette operazioni. Nel giorno 24 arrivava in S. Andrea l'energico governatore di Avellino signor de Luca con due compagnie di bersaglieri, comandate dal valoroso maggiore signor Zenone, e molta guardia nazionale, ed i patriotti di questo comune, che è posto in un angolo tra i due Principati, i quali aveano osato di tener alta la Croce di Savoia a fronte dei gigli borbonici per ben 20 giorni, s'ebbero anche questa volta per bocca di sì degni funzionari l'unica gloria, cui si aspirava, quella di aver ben meritato della patria.

Nel giorno istesso altra forza regolare e nazionale, comandata dal tenente colonnello de Marco giungeva in Calitri, e l'indomani (25) mentre moveva per la sinistra dell'Ofanto, e la colonna Bruno da Pescopagano lungo la destra, la terza col governatore signor de Luca da S. Andrea teneva il centro per la parte più bassa della valle, con che riusciva alla prima di uccidere cinque briganti nel bosco di Monticchio, che dispersi si aggiravano in quel vasto sicuro asilo di malfattori. Ciò avveniva in queste contrade, più in là un fatto più glorioso.

Gli avanzi della banda da noi fugata, e dispersa, ricovratisi come si è detto nei boschi di Lagopesole, venivano tosto nello stesso giorno venticinque attaccati, e completamente disfatti da circa sessanta guardie nazionali a cavallo, comandate dal valoroso signor Mennuni, uccidendone trenta, e prendendo nove cavalli. E noi, quantunque lontani, dovevamo pure partecipare al maggiore risultato di quella giornata, perchè nel dì seguente (26) avvertiti che sei briganti passavano su questo territorio, l'inseguimmo a cavallo ed a piedi, prendendone tre, dei quali due furono fucilati, gli altri tre, gittate le armi, che caddero in nostro potere, si salvarono nel prossimo bosco di Castelgrande, dove non tardarono ad essere assicurati da quella forza, ed altre vicine, e per dire netto di questo mandamento, anche in Ruvo furono in quel giorno presi tre briganti, fuggiti egualmente da Lagopesole.

Dopo quella disfatta, in cui vuolsi che il Crocco, rimasto ferito, fosse costretto a rifuggirsi in luogo sicuro, il d'Amato con circa altri trenta de' più tristi fuggiva nelle vicine campagne di Puglia e nei luoghi stessi, dove esordito avea col primo la sua infame carriera di brigante; e se tuttora molesta ed atterrisce con rapine ed omicidi quelle contrade, non tarderà guari ad essere raggiunto dalle forze, che senza posa lo inseguono, e di giorno in giorno gli fan subire la perdita di qualche compagno. Non voglio chiudere questo racconto senza una osservazione. La tolleranza, per non dire protezione, che si ebbero negli scorsi mesi il Crocco, e d'Amato; l'aggirarsi spesso ed alla svelata in Rionero, Atella, Ripacandida e Ginestra; le conosciute relazioni con altri ribaldi di quei paesi, contribuirono a rendere temuto il loro nome, ed accreditare presso le masse la falsa opinione d'impotenza d'un governo, che lasciava commettere tanto scandalo. Aggiungi poi lo stato di resistenza degli sbandati borbonici a' reiterati ordini di richiamo al servizio militare, incoraggiato e legittimato da' seguiti aggiornamenti; le molte relazioni col popolo minuto; la loro disposizione al saccheggio; e da ultimo quel che più rileva la lentezza del soccorso, e la mancanza assoluta di un capo energico, che col prestigio del suo nome, ed autorità, riunendo dai diversi paesi un buon numero di militi nazionali, non avesse esitato ad affrontare il movimento nella sua origine, e si conoscerà come fosse stato agevole spingere in una temeraria impresa uomini, che non aveano altro ad avventurare, e come costoro alla testa di pochi malvagi, ed illusi fossero riusciti ad ingrossarne il numero, ed a manomettere molti paesi, nei quali non è affatto intiepidito l'amore per la causa italiana.

L'Irpino " Giornale di Principato Ultra " 14 maggio 1861:

È dispiacevole cominciare la nostra cronaca da' pazzi e stolidi modi di feroci reazioni; pur ci conforta il vedere che contro l'infamia e la viltà degli uni non mancò la virtù ed il valore degli altri.

Era stata da poco spenta la reazione tentata in Volturara, villaggio a breve distanza da questo Capoluogo, quando ci venne novella che un'orda di briganti fosse apparsa in Monteverde, ch'è a' confini della nostra Provincia. Eran surti in Ripacandida di Basilicata, avean corse quelle terre circostanti di Ginestra, di Atella, di Venosa, di Melfi, di Rapolla, di Barile. Le avean contristate di stupri, di uccisioni, d'incendi, di rapine, avean trovati facili compagni nelle plebi sempre mutevoli a novità, sempre avide dell'altrui. A Ripacandida uccisero il capitano della guardia nazionale. Non resistiti entrarono dovunque. Poca resistenza ebbero in Venosa, e dall'interno tradimento, come in ogni luogo, aiutati la vinsero. A Melfi ricevuti come vincitori in trionfo, feste, luminarie, benedizioni, applausi; autore principale delle liete e servili accoglienze il ricevitore circondariale Aquilecchia, che n'ebbe in premio il furto di più migliaia di ducati, e la speranza col ritorno di Francesco II di beneficii maggiori dei beni materiali. Memorabile esempio a que', che la sicura virtù disertando, fanno a fidanza col delitto e col vizio! – Dovunque gridarono il nome di Francesco Borbone, il solo onde potevano legittimare il divino dritto de' saccheggiamenti e delle stragi. Restauratori della santa fede, insigniti taluni di una medaglia che aveva l'immagine di Pio IX, e l'esergo « Anno 1° della liberazione »; piamente in Barile il Conservatorio delle Orfane, ed i Claustri delle Donne monache visitarono, senz'aver riguardo al loro protettore Vescovo di Melfi, che quelle donne amava, più che a Vescovo non si conviene, come da affettuosa corrispondenza epistolare si è venuto in cognizione. A Melfi solennemente il Governo provvisorio proclamarono, un Colabella sotto-intendente, un Araneo sindaco, gli ultimi onori al loro Aquilecchia, che nominarono capo-urbano. Il ridicolo Governo profanò di un altro *Te Deum* la casa di Dio. Ubbriacati de' facili successi in verso Rionero in due bande divisi mossero, e dal Vulture, e per la Strada Consolare pensarono di assalirlo. Ma ivi furon rotti e battuti da una compagnia del 30° di linea, capitano de Gennaro, e da' militi cittadini d'ogni luogo accorsi, fra i quali cento dell'oltraggiata Melfi, che l'avean lasciata per seguire l'improvvido Intendente a Rionero. Cento de' ribaldi vi lasciarono la infame vita, e molti altri vi furono malconci e feriti; sì che laceri e sanguinosi a precipitosa fuga abbandonaronsi. Pure ritentarono la notte entrare per fraude nella terra, portati da taluni della stessa, cui eran stimolo le conosciute ricchezze della medesima; ma vistili di dentro, li respinsero più fortemente, sì che a men duro terreno riconducendosi, alla già saccheggiata Venosa novellamente si accostavano; ma essendo già accorsi di quella Provincia e delle confinanti Puglie molti animosi patriotti, Venosa riprese coraggio ed alla nuova invasione resistette. Laonde i briganti cacciati da quella in questa Provincia irruppero. Senza sforzi Monteverde occuparono, paese che di leggieri potea esser difeso, ma in cui abita un fallito barone, che la bianca bandiera tenea loro apparecchiata, e nonchè aspettarli, decisi, li avesse chiamati.

Nel prossimo Carbonara era una compagnia di valorosi del prelodato 30° di linea, cui l'animo non soffrì di vedere sventolare su quelle alture la bandiera nemica della Nazione; epperò lasciati pochi de' loro in guardia del bagaglio, andarono a snidarne que' che la tenevano inalberata; ma questi sloggiati da Monteverde, a Carbonara entrarono, ove sostenuti da quella bruzzaglia, non ancora punita del sangue che sparse nell'ottobre ultimo, incrudeliti della fresca sconfitta, su' pochi soldati ivi rimasti furiosamente dettero, però costoro cui non mancò il coraggio, mostrando sempre la fronte, ripiegaronsi verso i loro compagni; ma rimasero fatalmente due di loro in mano di quei crudeli, che ne fucilarono uno dappoichè il riconobbero del disciolto esercito borbonico, e dopo che l'ebbero di mille sevizie straziato; ed un altro seco loro ne menarono. Carbonara pagò immediatamente il suo delitto, che quei rabbiosi a sacco ed a ruba la misero, e quando più non ebbero da rapirle, alla volta di Calitri si drizzarono. Calitri invasero, e senza contrasto come in comoda stanza si posarono, stupido il popolo dell'improvviso caso, scoraggiato dalla fuga e dalla mancanza de' principali proprietari, specialmente de' Zampaglione, cui erano usi a mirare ed a seguire. In Calitri stettero come a legittimi signori e dalle casse pubbliche tolsero oltre i ducati 400, per decreto dì Francesco II, della data del prossimo aprile, che di ciò e di altro al loro Crocco generale davane pieni poteri. All' indomane impertanto, ad una voce che annunziava l'appressarsi d'italiani soldati rapidi a Santandrea fuggirono, ove un'ala di loro da principio si era difesa, ed alla larga ospitalità di quell'Arcivescovo, come i precedenti loro compagni, parteciparono. In S. Andrea pentiti di aver risparmiato Calitri ricco e popoloso villaggio, non avendovi levato che di leggiere taglie, pensano ritornarvi di notte, e spogliarlo, e già eran di nuovo presso lo stesso, quando due di Calitri che li avean seguiti, presi dalla carità del natio luogo, dalla ladronaia discostandosi, dell'imminente pericolo corrono ad avvisare i loro concittadini; i quali visto dove andasse a parare il glorioso esercito del Re de' ladri, arditamente sursero a difendere le loro sostanze, e le cose che della vita son più care; uomin, donne, vecchi, fanciulli, tutti, e più che gli altri gl'stessi sbandati dell'esercito borbonico, fecero nobile ammenda della viltà del giorno innanzi, ed armati più che d'armi di coraggio, su i vegnenti conquistatori, in nome di Re Vittorio, animosamente discesero, fortemente li percossero, 14 ne presero, i rimanenti fugarono. Nel che è da considerare che gli uomini raro combattono per un principio, sempre per le loro passioni o sentimenti; sì che questi o quelle bisognerà destare, ed all'incompreso principio indirizzare e volgere.

Intanto il governatore di questa provincia, signor Nicola de Luca, che alla mente alacre e svegliata congiunge una rara energia dell'animo, sentita l'invasione della provincia, senza por tempo in mezzo, prontamente d'incontro al pericolo corse. Speditosi innanzi il volenteroso signor Giuseppe de Marco tenente colonnello de' volontari di Garibaldi, perchè di Ariano, e di altri di quelle parti una colonna mobile raccogliesse, ei di qui si mosse insieme a due compagnie di bersaglieri comandate dal bravo maggiore Zannoni, ed alquanti volontari militi, e guardie nazionali, i primi che all'improvvisa partenza potettero esser pronti, guidati dall'ottimo maggiore sig. Orta. Lungo il cammino gli si aggiunsero dei drappelli della milizia nazionale di Atripalda, di Serino, di S. Potito, e di altri Comuni, e forti della buona causa che li movea, con celeri marcie dirittamente a Santandrea, sede e principale ridotto de' briganti, s'incaminarono; in quello che da Melfi veniva all'istessa volta un'altra squadra di militi cittadini, e che De Marco unito a due compagnie del 30° comandate dal capitano Tarugi si era portato a Bisaccia. Al rumore delle armi che si sentivano cadere addosso que' vili, che la maggior parte erano stati dalla fame, più che da spirito di setta agitati, Santandrea abbandonarono; ed inseguiti da que' cittadini, e dalle arrivate forze di Bruno, maggiore del circondario di Melfi, lasciando di loro quattro prigionieri, fra i quali uno cui avean dato titolo di Maggiore, sparpagliati e paurosi nel vicino Monticchio e Castiglione s'inselvarono. Il loro maggiore un tal La Rotonda, sarto di mestiere, confessò cose importanti, ma non gli si potè risparmiare la vita, perchè colto colle armi alle mani; epperò egli e gli altri tre, di pari delitto rei, ebbero la pena che loro spettava, la fucilazione, come de' 14 presi da' Calitrani, sei per l'istessa cagione ebbero la medesima pena, per giudicio di regolari consigli di guerra, che altri di simiglianti condanne punì, e per le armi li passò ne' diversi paesi, ove era più richiesto l'esempio.

Ad inseguire ed a disperdere inoltre quelle masnade rotte e scompigliate, usciva di S. Andrea il Governatore, e per la sinistra sponda dell'Ofanto ascese a Ruvo, e di là per Monticchio ad Atella; mentre il maggiore Bruno per la riva opposta camminando, a Ruvo parimente saliva, e De Marco e Tarugi per mezzo l'istesso Bosco Monticchio ad Atella pervenivano. Ricongiuntisi per que' luoghi si distesero fino a Rionero ed a Lagopesole, ove diceansi raccolti come ad ultimo rifugio i ladri, e dove furono tosto inviati una compagnia di bersaglieri, che vi presero e fucilarono per consiglio subitaneo di guerra il foriere maggiore delle bande, su cui trovarono i conti delle medesime, ed un biglietto di ricatto sotto minacce di esterminio.

La nostra colonna di Avellino non ebbe la fortuna di trovarsi in alcun fatto di armi, benchè si fusse messa per le posizioni e vie più pericolose. Fortunati De Marco e Tarugi furono, che in Monticchio in alquanti delle disperse bande potettero provare il loro coraggio, e quattro de' più resistenti spensero. Fortunatissimi gli ottanta cavalieri capitanati da Davide Mennuni che nel bosco Isca Conga sopra una banda di circa 120 piombando, a 30 levarono con la vita la speranza di più misfare, e negli altri tal misero uno sgomento, che lasciati otto de' loro cavalli, le salmerie, e Crocco l'istessa sua sciabola sì disperatamente fuggirono da non poter esser raggiunti. Era con loro quel soldato che aveano catturato in Carbonara, ed a' vincitori fu ineffabile consolazione il riabbracciare un fratello che fino a quel momento stette in forse della vita!

D'ogni donde perseguitati, divisi ed incerti di qua e di là vagano i briganti, sì avviliti e scorati che poche guardie di Rapone ne catturano nove, e non più che due guardie di Atella 8 ne catturano, due ne uccidono, 30 ne mettono in fuga. Torna l'animo alle popolazioni, cui ritornò il potente concetto del Governo e dell'ordine, dalla presenza del nostro Governatore, e delle milizie regolari e cittadine. Ma non tutti i briganti furono spenti o catturati. Pochi de' più disperati corrono tuttora la campagna; la complice plebe rintanossi in casa tra il desiderio dell'obblio del delitto, ed il sospetto della pena; gli astuti ed i nascosti capi nicchiano e premeditano. Il valore delle nostre milizie, il giusto rigore de' militari giudizi hanno spento pochi tristi, o sì vero pochi effetti delle ree cagioni, le cagioni non già. E queste non sono senza nostra colpa. Stolta confidenza ne' riconciliati nemici, poca o nessuna negli amici. Quelli inorgogliti, questi irritati ed avviliti. Vecchie e nuove prepotenze sulle misere plebi. Libertà nuova e facile a trascorrere. Nessun ordine stabilito. Nessun salutare riparo di pubblica forza. I commerci ed il lavoro mancanti. Cresciuta la fame che non si sazia di morali beni. Sono su' dolci ozi degli uffici. Sconforto ed inerzia dagli amari disinganni. Aperte le vie alle perfide istigazioni, alle instancabili cospirazioni del Borbone e de' Clericali; qual meraviglia che una plebe affamata contristata e disciolta apra le bramose canne all'oro de' Borboni e stimolata dia nel sangue o nell'aver di piglio? O qual meraviglia a chi bene le suddette cagioni consideri, che in quella provincia, in cui l'opera dell'insurrezione fu più stupenda, sia stata più grossa la reazione, e che da due opposte cause siano ivi nati come dovean nascere due effetti fra loro incompatibili, la reazione e la nomina di Guerrazzi a deputato nell'istesso e medesimo tempo; e che tra i reazionari siavi stato un Aquilecchia borbonico ed ancor ricevitore circondariale, e qualcuno che sotto Capua contro il

Borbone valorosamente pugnò? Nè da ultimo sarà da meravigliare
che un Crocco capraio ed un D'Amato barbiere, a' quali in settembre
ultimo dal Borbone fu dischiusa la galera, abbian potuto tirarsi dietro parecchi; perocchè son le cose più che il volere di un uomo onde
i buoni od i rei effetti politici son generati; e qui ci vengono innanzi
le memorabili parole di Galba nell'adozione di Pisone: *Nero a pessi-
mo quoque semper desiderabitur, mihi ac libi, providendum est, ne etiam
abonis desideraretur.*

Ma riconfortiamoci pensando che nè l'oro del Borbone, nè le mene
clericali abbian potuto corrompere il senso morale delle moltitudini:
ricordiamo con soddisfazione che i contadini, che gli stessi soldati del
disciolto esercito abbian sentito che una e di tutti sia la causa della
Nazione; per la quale han combattuto come per la patria si combat-
te. Che se alla prima invasione del pericolo vi si curvarono o si nasco-
sero, ciò debb'essere incolpato a' capi de' comuni ed all'istesse autorità del Governo che spauriti o volendo spaurire, lasciarono il loro
popolo senza mente e senza direzione.

Diamo intanto la meritata lode a que' generosi che la carità della
patria da lontani luoghi e per aspri cammini contro i pericoli sospin-
se. E ben è che della pubblica onoranza si abbiano alcun segno, che
questa è l'aura onde le virtù germogliano; nè di altri premi la carità
della patria vuole esser ricompensata.

II

MANIFESTO DEL SOTTO-INTENDENTE LORDI
AI CITTADINI DI MELFI:

Cittadini di Melfi,
L'obbrobrio e il disonore coprirono la vostra città. Il saccheggio e la
rapina fu la legge che vi si impose. Una masnada di briganti tenne per sette giorni nelle mani le vostre
sorti. Voi sostituiste la schifosa bandiera dei gigli, su cui stava scritto:
servaggio ed infamia, al glorioso vessillo che ha per stemma la Croce,
segno del comune riscatto. Voi muoveste ad incontrare una canaglia di ladri e li preferiste ai valorosi vincitori di Palestro e S. Martino. Qual risultato ne aveste? Lo
spoglio delle vostre case, in pericolo l'onore delle vostre figlie, vi fu
legge il delitto, proibita la innocenza.
I merli di Federico che imponenti si mostravano al passaggiero, e
che gemma formavano alla turrita corona del Vulture, abietti divennero e segni d'infame servaggio.
Sosterreste voi più a lungo l'onda e la vergogna?
Contadini: Voi foste ingannati. Rialzatevi dalla bassezza in cui siete
caduti, scuotete dai vostri panni la polvere che vi copre, inchinatevi
dinanzi alla gloriosa bandiera venerata del mondo civile, riconoscete
i vostri dritti profanati da mano infame, e riscattati in nome di Re
Vittorio padre comune a tutti gl'italiani.
Correte al mio palazzo, giurate di sostenere l'onor vostro sotto il
vessillo tricolore, dimenticatevi lo schifoso nome dei Borboni, grida-
te evviva al Re d'Italia, ed io vi abbraccerò come figli e sarò per voi
quello che fui.
Onesti cittadini: Bandite da voi il timore, ritorni la fede, unitevi a
me d'intorno e giuriamo di vincere o morire.
Venni tra voi nel giorno 27 agosto, vi proclamai l'Italia una e Re

Vittorio Emmanuele. Allora non v'ingannai, potrò ingannarvi oggi? Il cannone e la mitraglia parleranno in vece mia se sordi sarete alle voci dell'onore e del dovere.

Il sotto-intendente
DECIO LORDI.

III

BIGLIETTI-RICATTI. (Copie di autografi che possiede il Cav. Pasquale Laviano fu Gaetano da Pescopagano):

Francesco Ferrara si porta da voi Sig.^{i} D. Pasquale Arlanno
D. Gaetano Laviano D. Ognazio Paschale
Alla vista della presenta mandereto la somma di Docati trecento dico tre Cento altrimente vi darò dispiacerò. Spedito uno fidato vostro coll'operaio
Io non scrive attendo alla dilicatezza e disbrigo subbito sùbito D. Francesco Tullio manderà Docati ottanta

Carmine Donatello
(Crocco)

***

Carissimo D. Gaetano
Essendo giunto il tempo della nostra mala fortuna, di non farci fare la reazione io mi arbitrio di mandarti questo piccolo Carattere che mi mandate 2000,00 ducati per nostro mantenimento o 4 some di robba per mangiare, e mi mandate pure 10 rotole di polvere e 30 rotole di piombo, ossiano palle e due mantegne di vino e non altro

Il Generale
C. C. Donatello

Carissimo D. Gaetano
Oggi siamo giunto nel Casone per fucilare le vacche ed è uscito il massajo, ed à dette più presto Fucilatemi a me, non alle
vacchi, essendocene si anno preso 100 ducati e tre paje di caci-
cavallo il giorno Venerdì al Bosco Castiglione.
Tali cose io non Credo, ma se per caso è vero io ti farò vedere che mi diventicherò col sangue; mi mandate ciò che stava
scritto nello primo Biglietto, a dodici ore domani mattina si
deve trovare nel dato luogo, e se voi non le mandate pensa che
il tutto sarà eseguito come nello biglietto sta anghe scritto

Il Colonnello della Colonna
Giuseppe Caschetta

D. S. Mi mandate pure un paio di scarpe fine un paio di
Pandalone anche civile, ma di fermezza, e due paie di Camice
e non altro.

***

(È scritta con lapis).
Caro D. Gaetano
Al momento doveti fare una somma di Ducati 8 mila. Detta
somma la doveti fare tutte otto voi soci senò è guai e grande
dovete mandare anche 4 rotoie di polvere e 8 di Palle. Più
ogni uni e mandati 8 Camice. Più ogni un e 8 Pajo di calzet-
te e 8 Fazzoletti. Per ogni un è vi raccomando mandarmi
anche un rivolto a 6 Botte...... Botte se non lo tenete andati
a foggia che troverete ciò che voi volete e Seciò ne farò un
tagato la festa di Pasqua in zomma è mandati 8 Patrocine un
per ogni un e mandate un due Botte de uno ognio socio se
nò vi mando all'elimosina è mi mandati quelli Cartucci che
mihaveti sparato a *presso anima fotuta*[1] in fine Poco Parole nè
faro sangue il nome di Giovanni Coppa

---

[1] Questa lettera fu scritta certamente dopo i fatti di Bella dove Gaetano Laviano, comandante i Nazionali di Pescopagano ebbe *magna pars*.

Giovanni Coppa Comandante
(Scritto con lapis).
D. Gaetano   (Laviano)
D. Ignazio   (Pascale)
D. Natale   (Laviano)
manderete paio sei di cacicavalli

D. C.

D. Giccio Tulico pio due
Totale 8.

***

Sig. D. Gaetano Valiano *(voleva scrivere Laviano)*
in vista della presente avete la compiacenza di mandarmi il
due colpi altrimente avete tristi dispiacere sopra alle vacche
senza trovare alcune proteste mentre il sudette lo avete in
vostra casa.

Il Caporale Comettiva
Vincenzo Calabrese

***

Pressantissimo
Sig. D. Gaetano Laviano avete la compiacenza di mandarci la
somma di due cento ducati per bisogno della comettiva, e se
in vista della presenta non mandato la sudetta somma sarete
massagrate le vacche
Non che un rologgio di piccola somma

Il Comandante la Comitive
Vincenzo Calabreso

***

Il Sig.ʳ D. Gaetano Laviano
In vista della presente mi manderà il due colpi che sarete

rispettato. Domani subisubito
Come pure un paio di bisacci

Vostro amico
Vincenzo Calabrese
Foriere Maggiore

***

Gentilissimo Sig. D. Gaetano
Non ti dico il dispiacere che ho provato per il due colpo.
Mentro non hò mai molestate, ed ora ti aveva ringraziato per
il sudetto, e non ho avuto il piacere, ora doveva mandarvi il
ricatto di cento piastre per il due colpo; ma non ne ho bisogno, resta solo che ti do otto giorni di tempo sotto qualunque protesto, e mi dovete mandare il sudetto, di un'oncia, e
buono, senza trovare alcune scuse, perchè se al termine di
otto giorno e non mi manda il due colpi ti farò quattrocento
docati di ineressi sopra agli animali, e questo ti lo giuro
avanti a Dio che vorrei morire disgraziato se non ti farò
quanto ho detto

Il Caporale Comitiva
V. Calabrese

***

Caro D. Gaetano Laviano
Al momento mi dovete mandare la somma di Docati duemi-
la senza mancare un giorno e doveti mandare metà di oro e
metà d'oro è meta di argento, è mandate anche il due botte è
vi raccomando di mandarli subito seno vi mando all'elemo-
sina tanno mi contendo quanto vi ho Roinato, allora lascio la
vostra famiglia, infine poco parole è fatti assi, allore conosci
il nome di

Giovanni Coppa
Comandante

Gentilissimo D. Gaetano
Già mi avete rineato di mandarmi 2000 ducati essendocche
avete detto che non era Carattere mio, del Generale non è,
Ma il mio dritto nome e Giuseppe Caschetta, oggi è venuto
il Generale, colla compagnia, e abbiamo fatto una semplice
colazione, con una vostra vacca, e se troppo tardate di mandarmi i 2000 Ducati. Penza che vacche non più non ne tieni,
e voi non più farai abitamento nel vostro Palazzo e ti hai da
fare 7 Palmi sotto terra

***

Vi prego intanto di mandarmi i detti 2000 ducati subbito
domani mattina E tutte le robbe che ho scritto stanno nello
biglietto di laltro di, e non altro

Il Colonnello della Colonna
Giuseppe Caschetta

***

Mio Caro Doncaitano che io sono andate a le vostre pecore e
mi sono Brimate che sono le vostre e non ofate nesuno e
mulle Gie sivolette esiro di Respitate le vostre nustre mi mandate 2 Gento ducate con un orilacio Cana catiniglia dora e
non milimandate questa che io Cierche di darò parola che ti
mando tutte il pastoro col Ginno mani e dopi di ticesi la
discrazia e sciate trovane
Riparo e tidaro tembo 3 giorne per mia duazione

e sono Capitan
Giuseppe Diodaro

***

Gentilissimo Sig. D. Gaetano Laviano

Se vi compiacete di far sorture mio Padre dalle prigione che si
rattrova costà ossia pigliarvi qualche poco d'impegno, se voi

mi fate questo favore e vi compermettete per suo tempo di
farle sortire voi sarete rispettate anche da me, e mio fratello
altremiente serramo gli occhi e poi dovete avere la mabilità di
mandare quattro cento piastre non altro caramente vi saluto

Il Tuo amico
Giuseppe Marino Caporale
sotto la banda di Crocco

***

Mio Caro Donguitano
Vi prego di mantarmò il cavallo riunito il duo Colpe perche
io per vostra o casione ma pero siete riguardate tutto i mio
compagne Non altro vi salute e sono io angelomaria Lanzo.

***

Sigor Donno Gaetano Laviano
Avreto La combiacenzo di mandarmi. La compiacienza di
mantarmi La somma di ducato Duemilo perchè oggi sarra il
tembo che avremo Lannomino Dobbiamo i fatto uno
Riloggio Con una Cateniglio di 8 palmo di oro se non
Lavreto potito mandarlo accombraro in Sanda Dreio quando
venimo voglio Risposta di mandarmi co anello Di buona
qualetà Non altro ha che dirvo aveto Labonda di mandarvi
Dermi di 4 giornni mandatimo 4 Cammicio e quatro
Faziletto di seto Non altro

Vostro amico
Domenico Zirico

***

Gendelissimo Signor D. Aitane, io vi mando a dire per il
vostro, porcitore, di mandarmi, Duecente pezzi per lo stesso
Coste, Vi darei giorno Cinque di tempo, nel Case non mi
mandate queste che io Vimande A dire averete uno Grosso
istrico sono il vostro

amico Giuseppe Miele
Al Signore Il Sig.^r D. Gaetano Laviano

Signore
Siate copiacente di mandarmi La somma di DoCatiti trecen-
te senza mancare un grano, Badate alla relecatezza che non
venco discusto tra di Noi 7 Agosto 1862

Andonio Andriotto
Caporale di commettivo

***

Al Signore D. Gaetano
Sento i vostri lamente è vi conosco di certo quiello che voi
dite ma che non sia tande mandatemi cendo piastre, ed un
vestito bene comblete, e badate che non venco disto tra di
noi. 8 Agosto 1862

Andonio Andriotto
Capo di Commettivo

***

Carissimo D. Gaetano
Vi prego mandarmi subito all'istante il Cavallo fornito di
selle briglie unite col due Colpi senza meno perchè mi biso
gna necessariamente e non ne passate parola ad altri per non
avere un cattivo dispiacere tra di noi; se poi non volete mandarmi mi riserverò alla miglior occasione che io posso. 13
Agosto 1862

Il Comandante della Commettiva
Antonio Andriotto

IV

Relazione del *Corriere Lucano*, 11 settembre 1861, n. 23:

Pubblichiamo i lagrimevoli casi di Ruvo come appena ci son venuti dettagliatamente esposti affinchè si sappia da ciascuno, più che non si conosce che sia e che faccia il brigantaggio nel Melfese; a distruggere il quale non vediamo ancora spingere gli attacchi su di una vasta scala di operazione. Ecco quello che ne si scrive da persona degna di fede.

Nei primi giorni di agosto Carmine Crocco da Monticchio, luogo di abituale dimora della sua banda, alla testa di oltre un centinaio de' suoi, passava nel limitrofo bosco di Bucito, due miglia discosto da quel Comune. Avvertito il maggiore de' bersaglieri del 31° di questo movimento, e messosi di accordo con quello del 62° di linea stanziato in Calitri, occupava colla sua colonna, composta di bersaglieri, guardie nazionali di Rionero, e pochi lancieri buon tratto della fiumara di Atella, mentre la colonna proveniente da Calitri, composta di due compagnie di linea, e d'uno squadrone di cavalleggeri, andava ad occuparne il resto: ordinava in pari tempo ad un suo luogotenente comandante il distaccamento di ventisei bersaglieri in S. Fele, che con queste guardie nazionali, e quelle di Ruvo e Bella si fosse portato alla parte opposta. Era la mezza notte, quando costui, proveniente da S. Fele con oltre settanta tra bersaglieri e nazionali di questo Comune e di Ruvo, ne attraversava l'abitato, e fermavasi ad un tiro di fucile discosto, aspettando le guardie di Bella per andare ad occupare la linea del bosco.

Ma mentre i nostri davano opera ad un piano, un altro contemporaneamente ne effettuavano i briganti, perchè nella sera stessa del 9 usciti dal bosco e lasciati i loro cavalli nel numero di circa quaranta in custodia di tre de' loro, e di quattro donne, andavano a cordonare il paese, ed erano già postati nelle macchie, e dietro le siepi dei circostanti vigneti, quando quel distaccamento per l'abitato, senza che se ne fosse avveduto.

Erano intanto le ore 8 meno un quarto, e la campana maggiore a lenti rintocchi suonava il matutino, tolto a segnale del massacro di tanti padri di famiglia, che placidamente, e spensierati dormivano l'estremo sonno di lor vita; quando due colpi di fucile si facevano udire da una parte dello abitato, e subito altri due dal lato opposto, quindi molti altri, e poi urli, da assordarne il cielo, d'una moltitudine, che gridava: *Viva Francesco II – Viva il general Crocco – Abbasso Vittorio Emmanuele ed il generale Garibaldi!* grida che tosto si vennero propagando per tutto il paese.

La novità del caso, comechè avesse arrecato sorpresa al distaccamento de' nostri, ed atterrito pochi codardi, la maggior parte però era disposta a battersi, o fortificarsi in un punto di facile difesa per prendere consiglio dagli eventi, o almeno a piegare verso la colonna del maggiore a quattro miglia di distanza per avvertirlo dell'avvenimento, e ritornare in Ruvo colla detta colonna; però accadde, come spesso suole intervenire, che pochi vili, voltato faccia, obbligarono l'intero distaccamento a ritirarsi sopra S. Fele, rimanendo quel ch'è peggio, il maggiore ignaro di quanto seguiva.

Dopo che i briganti ebbero occupato il paese, facevano avanzare fin presso l'abitato i loro cavalli, e montandovi chi n'era fornito, eseguivano il loro solenne ingresso, preceduti da molto popolo. Alla testa marciava il generale con la spada in pugno, e cavalcavagli allato una *guerriera* con pistola impugnata. Era costei una donnaccia di Ripacandida che nel saccheggio d'una spezieria manuale fece sì larga provvisione di dolciumi, e se ne mostrò così ghiotta, che quantunque ne divorasse per tutta la mezza giornata nelle pubbliche vie, non arrivò mai a satollarsene, come non si mostrò abbastanza paga di ornarsi di quante collane, vezzi ed anella si raccolsero nel saccheggio del povero paese.

E qui vorrei descrivere le scene di orrore rappresentate dai degni restauratori del trono dei borboni, che per accreditare la *evangelica missione*, uccidendo esclamavano nel loro *religioso furore*: «Sì, questo vi meritate. Per l'anima vostra non possiamo nè confessarci, nè sentire la messa!» ma la penna mal si presta al tristo ufficio, e mi è forza volgere altrove gli occhi, più che noi feci allo spettacolo di quei cadaveri sformati da innumerevoli ferite, mutilati delle teste, due delle quali a suon di banda musicale furono locate, una su di un palo, e l'altra

sul comignolo di un tetto. Non dirò neppure del generale saccheggio,
a cui l'avida plebe era tutta intesa: non delle fiamme divoratrici, che
in diversi punti dell'abitato riducevano in un mucchio di rovine le
case dei migliori proprietari: non dell'incendio dell'archivio comunale e delle schede notarili: non di tanti infelici, che per campare la vita
furon tratti semivivi dai pozzi, ove eransi nascosti, stando nell'acqua
fino alla gola per mezza giornata; nè finalmente di altri fattisi seppel-
lire sotto un mucchio di pietre, perchè le son cose da potersi meglio
immaginare che dire: basterà soltanto ricordare che dei notabili ne
furono spenti sette, e circa dieci d'inferior condizione.

Intanto il grido di dolore di tante tradite famiglie giungendo a
Pescopagano per bocca di due sfuggiti al massacro, i capitani di quella guardia nazionale signori Gaetano Laviano e Nicola Miele, senza
frapporre indugio, riuniti all' istante 35 militi in gran parte gentiluomini, mossero a gran passi per quella volta, prendendo la strada di
Rapone, dove ingrossando il loro piccolo distaccamento con un
numero eguale di quei militi, arrivavano in Ruvo alla mezza pom.

La maggior parte dei briganti era uscita dall'abitato, e, piantata una
grossa bandiera bianca (un lenzuolo) in un punto eminente tra il
paese ed il bosco, attendeva gli altri; ma quando costoro si avvidero
delle guardie nazionali che arrivavano, si fecero ad incontrarle a fucilate, mentre le campane suonavano a stormo per spingere il popolo
in massa contro quei patriotti. I momenti erano supremi, e prima che
il popolo già raccolto avesse avuto il tempo di uscire ad incontrarli,
già costoro, superato ogni ostacolo a colpi di fucile, ed uccisi due briganti, si erano affrettati con uno slancio irresistibile ad occupare il
vecchio castello, donde tornava agevole il resistere. In vista di ciò i
briganti fuggirono, e raggiunti i loro compagni, si risolverono tutti:
fuggirono egualmente i più compromessi del paese: tacquero le campane alle reiterate fucilate; ed il popolo atterrito rientrò nelle proprie
abitazioni, e così si potettero abbattere le bandiere bianche, che sven-
tolavano da per tutto, e ristabilirvi la pace assai prima che il maggiore
de' bersaglieri alla testa della sua colonna, avvertito da alcuni viandanti dell'accaduto, non fosse giunto in Ruvo. Eppure questo avviso,
che dato nelle prime ore del mattino avrebbe giovato assai, agevolò
all'orda l'ingresso in Monticchio, se nonchè scontratasi dentro il
bosco Bucito colle compagnie del 62° subiva altre perdite, lasciando
qualche morto, e sette cavalli.

E qui finisce la dolente istoria degli atroci casi di Ruvo. Ma poichè
i lettori fecero già la conoscenza con quelle *buone creature*, non

dispiaccia il seguirle pochi altri giorni nelle loro escursioni, acciò ne conoscano meglio l'indole, le abitudini, le relazioni, e provveda chi il può e deve a liberare subito la società da un incubo che la opprime.

Da Monticchio la banda passava nella notte istessa ai casali di Avigliano, dove per forza e per inganno, raccolti quanti contadini si potettero per quelle campagne in due giorni, si moveva verso Avigliano in una massa di circa 400; ma respinta con molta perdita (non però così grave da rimanerne sul terreno 150, come annunziava il telegramma dell'intendente di S. Angelo dei Lombardi, riportato da quasi tutti i giornali) si scioglieva, ritornandone nella sera del 15 circa un centinaio in Monticchio, e precisamente nel terzo *Quercione;* stanchi, affamati e scoraggiati oltremodo; se nonchè il Crocco, lasciatone il comando ai due colonnelli Ninco-Nanco e Caschetta, licenziavasi dai suoi all'ingresso dei boschi, promettendo raggiungerli, e prendeva con la sua *vezzosa* compagna, e quattro fidi altra strada; ma fino al 29 non era ricomparso, dicendosi nei boschi di Ripacandida. Nella stessa notte del 15 circa venti briganti si sbandarono, ma nei giorni seguenti altri se ne aggiunsero, cosicchè fino al 21 l'orda avea raggiunta la cifra di circa 150. Nella sera del detto giorno poi usciva dalla sua formidabile cittadella, prendendo la volta delle campagne di Lacedonia e Rocchetta; e dopo di avere incendiato molte masserie a quei proprietari, che non eransi prestati a mandare i chiesti riscatti rientrava il 26 più audace nella sua abituale dimora, dove nel 2 andante veniva attaccata da un distaccamento di ungheresi e guardie mobili; e tranne la preda di pochi cavalli fuggiti ai briganti nella esplosione dei fucili, non si ebbe altro risultato; ma se questo attacco di fronte, che la richiamò alle pendici del bosco nel confluente dell'Ofanto e fiumara di Atella, fosse stato combinato con altro distaccamento dalla parte di Melfi per Foggiano, che, impegnatosi il fuoco coi primi, fosse dopo due miglia di bosco uscito alle spalle, sarebbe stata combattuta con buon successo; e pure Melfi non dista che otto miglia dal terzo Quercione!

Sono intanto pregate le autorità di Avellino a vigilare Calitri, Carbonara e Monteverde, ed impedire che molti legnajuoli accedano in Monticchio e boschi circostanti; essi sono le spie ed i fornisori dei briganti. È pregato l'intendente di Melfi a vigilare le masserie di Foggiano e d'intorni, ed ora che è distrutto il mulino degl'Isconi tenere d'occhio l'altro al Ponte delle pietre dell'Olio. Sono pregate le autorità militari a snidare i briganti da Monticchio, attaccandoli da diversi punti, e prendendo posto in tempo di notte, affinchè da quelle alte

vette non siano le colonne ravvisate molte miglia lontane, potendole
assicurare che i briganti non si allontanano, che per poco da quel
terzo Quercione, dove vivono lautamente. Che non stiano a sentire i
rapporti allarmanti, i quali farebbero nientemeno che trovare in ogni
luogo la banda del Crocco; questa non abbandona il suo favorito
asilo, che per qualche speciale spedizione ed i ripaldi, che si veggono
negli altri boschi, formano piccole comitive indipendenti dall'orda
principale, contro di cui fa mestieri concentrare tutte le forze; giacchè, questa finita, i rimanenti sarebbero in pochi giorni distrutti da
chiunque ha vita da tutelare, onore e roba da perdere. Che si aumen-
tino le forze nel Melfese, distribuendole in diversi punti, acciò in concorso con le guardie nazionali possano subito accorrere nei posti
minacciati e dovunque si porgesse la opportunità di combattere e
disperdere quel flagello distruttore. Si ricorda inoltre a tutte le autorità superiori della provincia che ogni giorno, che passa, arreca il
danno di molte vittime e di moltissime migliaja ai proprietari di greggi, armenti e masserie, perciocchè se non paghino vistosi riscatti,
dovranno senza misericordia subire danni assai maggiori. Che diano
uno sguardo alle campagne di Rocchetta, Lacedonia, Monteverde,
Carbonara, Calitri, Ruvo, S. Fele, ecc. tutti paesi circostanti a
Monticchio, e vedranno, se ad ogni pie' sospinto non ravvisino il passaggio della vandalica turba nelle tracce del sangue e del fuoco, e poi
diranno se si abbia ragione ad insistere, scongiurandole a finirla una
volta e subito con belve di simil fatta. Sappiano da ultimo che fino al
dì 8 corrente l'orda era in Monticchio, e mandava requisendo danari
a cavalli a tutti i proprietari dei circostanti paesi dicendo doversene
subito fornire tutte le 7 compagnie. Ciò accenna ad altra spedizione.
Avviso a chi spetta.

G. L.

V

Relazione del giornale *Il Popolo d'Italia*, n. 77 del 1863:

Nuovi martiri!

Ecco gli aitesi particolari sul doloroso massacro de' cavalleggeri di Saluzzo avvenuto tra Melfi e Venosa; e son questi i benefici effetti delle disposizioni amministrative date dal ministro Peruzzi sul brigantaggio:

Melfi, 15 marzo 1863.

Imprendo a narrarvi gl'interessanti dettagli sulla dolorosa disfatta dell'intero drappello de' cavalleggeri di Saluzzo, cosa che ha già annunziato il telegrafo. Pria di tutto fa d'uopo premettere che da più giorni conoscevasi come verso le pianure dell'Ofanto si aggirava una grossa banda forte di più di 100 briganti. Convenienza quindi voleva che i distaccamenti di perlustrazione fossero forti e sempre uniti. Si sapeva pure per notizie sicure che i briganti avevano rubato 21 giumente a' pastori abruzzesi. Tutto adunque faceva presumere la vicinanza del nemico e la sua forza numerica. Or ecco il fatto.

Il giorno 12 verso le 10 a. m. partiva da Melfi uno squadrone di cavalleggeri di Saluzzo, comandato da un capitano, il quale doveva condursi in Venosa, sua residenza fissa. E partito per la via delle Serre, giunge alla cappella Macera, ove gli vien detto dai contadini che i briganti erano nella masseria Catapano. Il capitano visto il piccolo numero dei suoi, spicca due cavalleggeri a Melfi per chiamare il resto dello squadrone, e dar unita la caccia. Immediatamente i pochi militi montano a cavallo e raggiungono il capitano, il quale proseguì allora alla volta di Venosa. Giunti allo Olivento si separa dal plotone uscito da Melfi per ritornare ciascuno alla propria dimora. Il plotone di

Melfi era comandato da un bravo luogotenente lombardo, di cognome Bianchi, il quale serviva da 23 anni l'armata ed era ricco di medaglie ottenute nelle ultime guerre. Il suo drappello era composto di 21
individui, compreso lui. Distaccato dal capitano cominciò a risalire le
creste delle colline sovrastanti all'Olivento. Giunto alla masseria
Amendolecchia domandano un individuo affinchè servisse di guida
per andare a Catapano. Ottenuta una guida si avviano dalla detta
masseria verso la masseria Manna e collina di Montecarbone, onde
muovere in direzione di Catapano.

I briganti erano realmente in questa masseria, e dalle loro sentinelle fissate in posti avanzati e su punti elevati, furono avvertiti che in
breve distanza si vedeva un piccolo drappello di cavalleria, senza ajuto
di fanteria o di altra truppa. Le bande riunite erano cinque, cioè quella del voluto Crocco, Coppa, e Ninco-Nanco, Marciano, Sacchitiello,
e Caruso, oltre le due piccole bande a piedi di Malacarne e Caporal
Teodoro. Il capo di dette bande ordinò che i briganti si dividessero in
due gruppi, di cui uno fu appostato dietro le siepi dei piccoli giardi-
ni di Catapano, onde far fuoco sulla truppa, e 50 furono situati a
cavallo nello stallone della ripetuta masseria per dare la carica non
appena i primi avessero cominciato il fuoco. I cavalleggeri avevano tre
uomini di avanguardia, i quali giunti ad una breve distanza dall'imboscata osservarono fra le siepi qualche movimento. Subito si fecero
a dare l'*alt-là*, cui fu risposto con un ben nudrito fuoco di moschetteria. Alla prima scarica caddero esanimi a terra i primi tre, e subito i
briganti che erano a cavallo cominciarono a dar la carica al resto del
drappello. Il luogotenente cercava riunire i pochi suoi uomini, ma il
numero dei loro nemici era triplo, e quindi furono accerchiati dai briganti. Allora cominciò il si salvi chi può. I cavalleggeri distaccati
cominciarono a correre in variate direzioni, ma ognuno di essi era
inseguito da 4 a 5 briganti. Privi della guida che rimaneva ferita a
terra da 3 colpi di fucile, i poveri soldati si sbaragliarono muovendo
per opposte direzioni. La maggior parte si avviava verso le pianure di
Camarda onde prendere luoghi saldi per maggiormente correre. Il
fato però li perseguitava, giacchè una giornata piovosa come quella io
non ricordo l'uguale. Il cielo si era scatenato, e pareva voler subissare
la Provvidenza l'intero Universo. Giunti al vallone di Camarda lo trovano ingrossato dalle acque ed impossibile a passarsi. Cercano quindi ritornare piegando a destra verso i terreni di Celano. Due cavalleggeri furono però raggiunti ed immediatamente sacrificati. Gli altri
trovando il terreno molle ed inzuppato di acqua cominciarono a per-

dere distanza, perchè bisogna confessare che il cavallo militare non è adatto per i nostri luoghi, si stanca subito, nè è capace sostenere una lunga corsa in mezzo a terreni cretosi e pregni di acqua. Raggiunti quindi ad uno ad uno ed a diverse distanze furono massacrati.

Il signor Bianchi aveva un bel cavallo, ed era già in distanza dai briganti, ma ignaro dei luoghi non sapeva ove andava. I briganti vistolo allontanato andarono a spezzargli la via pel luogo detto Scillita. Raggiuntolo, Coppa gl'intima di arrendersi, ma il coraggioso luogotenente si difende contro più assassini col suo revolver. Infine vien colpito da una palla nella schiena, che lo fece cadere a terra. Quivi caduto vien preso da 3 briganti e portato sull'aja della masseria Carlo-Francesco dei signori Araneo, ove il feroce Coppa cominciò a dargli moltissime pugnalate in luoghi non vitali del corpo, e finalmente sempre vivo gli tagliarono il becco, e dopo molti altri atti di sevizie gli recisero il capo quando l'infelice era ancora vivo. Questo venne esposto sulla tettoia della masseria Catapano con un sasso in mezzo all'aperta bocca in segno di dileggio e di ferocia. Il corpo poi fu spogliato e seviziato in mille modi. Il signor Bianchi aveva 500 franchi in oro, pistole, revolver e cilindro. Vicino a lui furono pure uccisi altri 2 soldati, e l'ultimo a morire fu un vecchio Polacco di circa 50 anni, nativo di Cracovia, e che si era battuto per l'Italia a Venezia, Crimea, nel '59 e campagne successive. Era decorato di molte medaglie ed aveva avuto in Melfi il brevetto di sergente. Le vittime sono state 15. Il drappello era composto di 21 uomini, di cui 15 morti, e 6 si sono salvati nel seguente modo. Due venuti in Melfi, altri due a Venosa, uno a Lavello ed uno alla masseria di Aquilecchia. I cavalli perduti furono 16, e quasi tutti i soldati vennero spogliati di abiti, sproni, cappotti e di ogni altro utile agli assassini. Fra i soldati è morto pure un povero Melfitano a nome Ferdinando Palmieri, figlio del cuoco, che serviva da 2 anni nello stesso reggimento. Ecco come noi viviamo nelle Provincie. Il fatto doloroso del 12 marzo ci ha atterriti, il dolore provato è incomprensibile. Intanto il sotto-prefetto Sicardi assicurava che il brigantaggio era finito! Qui ci vuole forza, energia e pazienza. Ci vogliono qui le centinaia di cavalleria, e non poche diecine. La primavera, non è ancora spuntata, ed abbiamo queste dolorose scene. Poveri noi ora che si avvicina il nuovo ricolto. Speriamo che il sotto - prefetto Castaldi qui giunto da più giorni voglia riparare i grandi falli dell'antecessore Sicardi, che è andato a consolare i poveri Geracesi. Tale è il nostro stato: lascio a voi ed al paese i commenti.

VI

Relazione dello stesso giornale *Il Popolo d'Italia*, n. 156 del 1863:

Briganti di Basilicata.

Il circondario di Melfi, nella Basilicata, fu sempre il centro del brigantaggio da tre anni in qua. Ivi i briganti perpetrarono i più atroci delitti che fecero innorridire tutta la civile Europa; ivi le più segnalate stragi de' nostri prodi soldati e de' cittadini i più cari alla patria, e mentre una banda pareva distrutta, ecco che subito ne sorgeva un'altra a maggiore strazio del paese e vergogna del governo. La regione tutta frastagliata di alpestri monti, confinante colla Capitanata, i folti boschi, ed i capi briganti, come Coppa, Crocco, Ninco-Nanco, nativi di quei luoghi, di cui sono conoscitori e maestri, furono i principali motivi onde il brigantaggio lungi dall'andarvi scemando, vi si mantenne sempre come a stabile e sicura sua sede. Ma, diciamolo pur francamente, vi fu sempre e v'è ancora un'altra più grave causa, la *protezione* cioè accordata da talune famiglie a questi capi briganti. È un fatto ormai di cui è piena la pubblica opinione: e noi vi abbiamo più volte accennato, pubblicando finanche che il capo brigante Crocco fu ricoverato e guarito delle sue ferite in un comune di quel circondario, ove venne assistito da un medico molto suo amico, e questo appunto non fu mai smentito. Il governo non ha preso mai alcuna seria risoluzione a questo riguardo. Epperò il brigantaggio seguita ad avere il suo maggior sostegno in quei paesi, con sommo dolore e vergogna di tutti i buoni. Accade quindi che quelle bande restano invincibili; e non sono molti giorni scorsi il bravo patriota Pasquale del Priore, luogotenente della Guardia nazionale di San Fele, mentr'era in perlustrazione per la campagna con altri tre militi, assalito da 18 briganti tutti bene armati ed a cavallo, fu barbaramente trucidato, dopo essersi difeso solo per circa due ore con eroico coraggio: il corpo vilipeso e trafitto di mille punte, fu fatto in pezzi da quei cannibali.

Abbiamo inteso poi la fine di Coppa, ferocissimo capo banda, fattosi uccidere ei stesso da un suo compagno di scelleraggini per sfuggire alla morte lenta della cancrena che eraglisi appresa ad un braccio: ma Ninco-Nanco, non meno feroce di lui, e Crocco, appoggiato da' *soliti suoi protettori,* sono sempre il terrore di quelle contrade!

Che il governo pensi alfine seriamente a questi briganti di Basilicata, ed a' *consorti* loro protettori, che cercano ricoprirsi colla maschera di liberali.....

Relazione del giornale *Il Popolo d'Italia*, n. 177, del 1863:

Il circondario di Melfi seguita ad essere il teatro delle più tetre scene brigantesche. Il feroce capo brigante Crocco, che da qualche tempo erasi allontanato, è ora riapparso in quella infelice contrada alla testa di 100 e più de' suoi, tutti a cavallo. Finora egli erasi quasi ritirato dalla vita brigantesca, perchè alcuni suoi protettori di quello stesso Circondario, mediante una vistosissima somma sborsata, gli avean promesso di ottenere dal governo una sua presentazione ed il perdono di tanti delitti ed infamie commesse.

Ma la promessa è andata in fallo, e perciò il feroce capobrigante è riapparso furibondo e più audace di prima. Prossima è la raccolta del grano, mature sono le messi: quale misura ha preso il real governo per garantire i proprietari dagli orribili incendi. Pur troppo anche quest'anno assisteremo impotenti alla distruzione vandalica delle messi!

La Lucania, 21 maggio 1862, n. 10

Siamo da capo col brigantaggio: Napoli in gioia e festa, per la venuta del nostro amatissimo Sovrano, e noi in continua lotta a tutela della vita, dell'onore e delle sostanze!

I boschi Lucani, e quelli del Melfese più degli altri vanno ripopolandosi di briganti, e tengon dietro alle nostre greggi ed armenti, che lasciano i piani di Puglia per fruire delle verdi pasture, e delle fresche acque di questi monti; dico nostre, perchè ne soffriamo il peso, l'utile poi è devoluto, per diritto di guerra, ai difensori del Borbone.

E si limitassero a ciò almeno; incendi, grosse taglie, animali sgozza-
ti, non ci rimane un giorno senza un nuovo malanno! Ma lascio a chi
ha maggior agio, e calma di spirito la dipintura del quadro desolante
di queste contrade, e della condizione tristissima dei proprietari, e
vengo a toccare di alcuni recenti fatti del brigantaggio.

Tra tutte le bande è ornai ritenuto che quella condotta dal Coppa
di S. Fele sia la più feroce: dessa, dopo di avere per quattro mesi
scorrazzato per i piani di Puglia, si stabiliva dal 19 aprile fino al 9
andante nel territorio di Melfi, per felicitare tutti i proprietari, che
posseggono in quelle contrade, tra i quali non poteva naturalmente
dimenticare quelli di Pescopagano, che ha giurato di voler ridurre alla
miseria, in vendetta della memorabile rotta del 27 novembre 1861,
fatta subire alla numerosa banda Boryes-Crocco, la quale per la doppia perdita di circa 150 tra morti e feriti, e di un numero maggiore
di presentati nei rispettivi paesi all'indomani della sconfitta (fatti che
la Storia ha già registrati, e contano pure dai processi penali
degl'Istruttori dei diversi paesi e provincie) era costretta a desistere
dalla progressiva invasione, obbligando il famoso guerrigliero a fuggire per lasciare la vita a Tagliacozzo.

Ritornava il Coppa con la sua banda nel giorno 10 al natio nido del
troppo noto *Toppo de Cillis*, che ancor rosseggia dal sangue di centinaia di vittime innocenti immolate per solo istinto di ferocia nel passato autunno. La sua riapparizione veniva segnalata da novelle vittime! Lunedì 11 andante postosi coi suoi in imboscata, in quel terribile passo, che domina la consolare di Atella, sequestrava quante vettu-
re e passeggieri transitavano per quella strada, resa più sicura da che
egli erasene allontanato. Trovavasi di passaggio un piccolo distaccamento di circa 30 soldati del 50° di linea comandati da un bravo uffi-
ziale di queste provincie, di cui ignoro il nome, che se ne avvide e
coraggiosamente li attaccò, ma quelli con minaccia, spingendo
innanzi fin fuori il bosco gl'infelici, che avevano fermato, ne fecero
rimanere estinti quattro colpiti dalla prima scarica dei nostri soldati!

Continuò il fuoco per qualche tempo senza alcun risultato, se non
che di 3 mule ed una giumenta sequestrate al signor Quaglietta di
qui, si potettero ricuperare le prime, che abbandonarono nella fuga.

Ieri poi giorno 14 erano le 10 a. m. quando due donne frettolose
ed ansanti venivano ad annunziare come in questa contrada Saetta a
due miglia dal paese, eravi grossa banda a cavallo, che venuta dalla
direzione di S. Fele accennava verso il bosco Cerreta, e montagne di
Laviano. Pochi minuti dopo altro messo, latore di un biglietto del

Coppa, che sottoscrivevasi *Maggiore della 4ª Compagnia combattente* (ha ragione perchè vi sono le compagnie di dentro, che non combattono) col quale chiedeva a questo viaticale Domenico Preite 500 ducati, polvere e fucili per riscatto di 4 muli sequestratigli, ed un altro ancora ad Antonio Maria Masino nella cui masseria eransi fermati, chiedendo da mangiare per 200 persone e diversi oggetti; finalmente un rotolo di chiodi per ferrare cavalli. A tali nuove un solo fu il grido *si corra a combattere i masnadieri. Noi soli ne vincemmo mille, riusciremo sicuramente vittoriosi de' 200 ora che abbiamo con noi poca forza regolare;* e detto fatto. Trenta soldati del 50° comandati dal valoroso luogotenente Prampolini Giambattista, sei Reali Carabinieri, e circa quaranta Guardie nazionali coi loro capi, ed il Sindaco signor Miele, seguiti a poca distanza da altri distaccamenti di questa milizia, riuniti in ragione che la notizia erasi propagata pel paese, erano già a vista de' briganti alle 11. Ma costoro che per sorvegliare il paese aveano poste due vedette sulle alture, che lo dominavano, una delle quali vestiva l'uniforme, e fu creduta da' campagnuoli un soldato, avuto l'allarme, con due colpi di fucile, si affrettarono a montare a cavallo prendendo la direzione delle Pietre dei Colombi, nel doppio scopo di batterci da quelle alture, che formano un gruppo di monti isolati di nude pietre, elevandosi a picco come tante fortezze naturali, e dominano certe strette gole e profonde valli, e per tenersi aperta la strada al prossimo bosco Cerreta: ma i nostri condotti da chi conosceva appieno il terreno, si determinarono a lasciare la strada diretta per guadagnare quelle eminenze. Si erano già fatti tre miglia al passo di corsa, e non tutti aveano le stesse gambe e gl'istessi polmoni: di circa 80 distesi in lunga linea, dieci o dodici, tra soldati, due Carabinieri e due Guardie nazionali formavano l'avanguardia, guidati dal Capitano di questa milizia a cavallo signor Laviano[2], che ad evitare qualche imboscata, e per imporre con un maggior numero, obbligavano a precederli, ed a seguirli quanti contadini incontravano in quelle campagne, questo stratagemma riuscì a meraviglia; da poiché i briganti dovettero gettarsi sull'altra strada, che per una gola e per una discesa assai ripida li andava ad impegnare in burroni poco praticabili ed a dovere per forza passare a tiro di fucile da Castelgrande. Su quelle alture tutta la colonna si riunì, e potè allora numerare la banda di non esser maggiore di 30 montati tutti su buoni cavalli, e dopo pochi

---

[2] Cav. Gaetano Laviano.

minuti ripigliando la corsa per la china di quei monti la raggiunse a tiro, e cominciò a far fuoco alle loro spalle, e costoro rispondendo con pochi colpi raddoppiarono la fuga, precipitandosi in quelle scoscese balze. Si fidava che pochi di Castelgrande, da quelle formidabili posizioni, li avessero chiuso il passo, ma fu vano lo sperare: si continuò ad inseguirli fino all'ingresso della Cerreta inferiore, e pure ci rimaneva l'altra speranza, che il posto fisso stabilito su quella consolare loro avrebbe sbarrata la strada delle montagna di Muro e Laviano, ma niuno si vide perchè quei di Castelgrande, a tutela del paese, e per salvar la vita ai pochi, che figurano molti e che stanno lì a sprecare il denaro dello Stato, li aveano già richiamati tra i loro, ed intanto ai colpi nessuno si fece innanzi, ed eranvi pure 10 soldati misti del distaccamento in Laviano! E così finì la giornata, la quale fruttò la presa di 4 muli del Preite, e di due cavalli, uno dei quali ferito. Non si conosce il numero dei briganti morti e feriti, ma le tracce del sangue rinvenute lungo il loro passaggio dimostrano che il combattimento ha offerto un buon risultato, e sarebbero stati tutti distrutti, senza l'imperdonabile colpa de' Castelgrandesi. Voglia il Cielo che quella Jena del Coppa non vendichi la sua sconfitta, con altre vendette sulle proprietà di questi buoni patrioti.

Pescopagano, 15 maggio 1862.

DONATO ANTONIO NAVARRA.

VII

Articolo del *Paese*, giornale di Torino del 13 giugno 1864, n. 139:

Il brigantaggio nella Basilicata.

Riceviamo dalla Basilicata la seguente narrazione sui fatti del brigantaggio ultimamente avvenuti. Si leggeranno cose da far inorridire. Molte circostanze di quelle che qui sono consegnate erano già note, ma poichè il nostro corrispondente raggruppa in un solo quadro avvenimenti di diversi giorni, così ci affrettiamo a pubblicarla anche perchè gli errori commessi dalle autorità governative vi sono imparzialmente notati. Premesso ciò a noi non rimane che richiamarvi sopra l'attenzione del Parlamento e del Governo affinchè si ponga finalmente termine ad una condizione di cose addivenuta insopportabile in quella provincia così travagliata dal brigantaggio.

Barile, circondario di Melfi, 5 giugno 1864.

Incredibilia forsitan, sed vera.

La mattina del 2 corrente alle sei sortivano da Atella, circondario di Melfi quaranta uomini della prima compagnia di linea secondo reggimento, dei quali, 15 col sergente Manca Michele, quasi avanguardia, accompagnavano la corrispondenza di S. Fele con due carabinieri della stazione di Rionero a nome Signorelli Gregorio e Bertusi Pietro. Altri ventisette col luogotenente Bollani Giambattista li seguivano a quasi due chilometri di distanza, di scorta ad un tale sottotenente De Filippi della compagnia di linea di S. Fele, il quale portava dodici mila lire. Giunti al *Toppo de Cillis* i primi quindici vennero circondati da trentotto ladri delle bande riunite, Crocco, Tortora,

Tartaro, e vuolsi anche Masini. I soldati animati dai due bravi carabinieri e dal loro sergente resterono eroicamente per tre quarti d'ora
alle cariche invano ritentate dai ladri, finché accorse la vicina forza
della Taverna S. Fele, e li misero in fuga. Mancato il primo colpo, si
diriggono difilati alla volta de' ventisette soldati che seguivano, nei
quali imbattutisi fuori il bosco Montesirico di questo Comune, si
scambiarono a gran distanza una scarica. Bollani alla resistenza, e De
Filippi spingeva i soldati alla fuga. Bastò che solo emettesse dal lab-
bro la voce del vile, perchè i soldati si dessero col De Filippi a gambe
saltanti per quei campi, abbandonando nella convulsione dell'ira del-
l'onore il Bollani ed una fedele recluta che non volle distaccarsi dal
suo fianco. La pusillanimità dei ventisette soldati valse a rinfiamma-
re il coraggio feroce dei ladri, dei quali dedotte le sentinelle sulle varie
colline sovrastanti, e quelli che catturarono il vetturino della moneta
« onde avevan certo precognizione » ed il malagurato Bollani: soli
venti investirono alle spalle i fuggenti, che li precedevano ad un
mezzo chilometro, vinti dalla paura, lungi dal trincerarsi nella prossima masseria Carluccii e di prendere posizione sopra a qualche collina, o gittarsi in una vicina valle, preferirono la strada nuova a vista di
Atella, per agevolare la vittoria al nemico. Di fatti collo sguardo fisso
al paese, d'onde con grida da moribondi chiedevano aita, raggiunti
dai ladri, senza punto volgersi indietro a respingerli o ad intratener-
li almeno con vivo fuoco, con una passività da chiudere il cuore altrui
ad ogni sentimento di pietà, si ricevevano alle spalle gl'incalzanti stra-
li di morte. E come i ladri non vedevano cadere ad ogni colpo di fucile una vittima, gridando alla lor volta ai codardi si slanciavano sui soldati coi revolver puntati all'occipite e nelle tempia di quelle larve: nel
breve tratto di un chilometro ed in dieci minuti di tempo ne freddarono dodici, altri due ne rimasero moribondi, e due altri feriti. Per
buona ventura dei superstiti, indegni di sopravvivere ai meno forti di
gambe, e tra i quali il signor De Filippi, trovavansi armati di fucile
fuori le mura di Atella, a vista del teatro della carneficina, quel
Tommaso Sabbatelli tenente della guardia nazionale che altra volta
catturava solo e strascinava vivi ed armati due briganti dal ponte di
Cerasale al paese, il fedele narratore del tristo avvenimento, e due altri
cittadini, i quali chiamando all'armi le forze interne, seguivano a
piedi il Sabbatelli che cavalcava la sua agile giumenta. Questi affret-
taronsi di accorrere innanzi tempo ad ostacolare la pienezza dell'esterminio. Si riuscì nel disegno; la guardia nazionale colla linea eran già
alle spalle, Sabbatelli che precedeva, tira due colpi ed ammazza un

magnifico cavallo elegantemente bardato. Quand'ecco che il rauco suono della tromba brigantesca chiama i Rodomonti a ritirata, ed inseguiti dalla forza sempre crescente, risolcano le orme loro, s'ingroppano l'infelice Bollani; e ne rimandono illeso la giovane recluta che l'affiancava e che ci rivelò il contrasto del doppio comando. Divisi in due ali per opposti sentieri i ladri si riunirono alle falde del Vulture ove presso una diroccata Cappella, detta il Priore, evirarono vivo il non mai abbastanza compianto Bollani, gli flagellarono a punta di stile il petto decorato della medaglia del valore; indi il colpo di grazia, preceduto da sevizie da far rabbrividire, lo rimase freddo sulla via coll'insegna del suo grado, tranne i pantaloni e gli stivali. E ciò ad insulto e scherno delle forze di perlustrazione in Monticchio, che per quel punto dovevano transitare in ritirandosi. Ed ecco perchè preferirono di battere i luoghi aperti, mentre dal teatro della strage, d'onde fuggivano le belve feroci, avrebbero dovuto avere lo sbocco naturale e solito appunto nel bosco Monticchio. Fino alle sette di sera rimasero accampati alla prima falda del mezzodì del Vulture, non mai satolli di pascersi della vista del campo di loro bravure e del trasporto delle vittime fra numerosa turba di popolo addolorato, accorso dalle vicine campagne al rintocco della campana a stormo.

E fine a quando si abuserà della pazienza longanime, delle vittime riproducentisi, del lutto incalzante dei buoni cittadini di queste desolate contrade? Il prefetto Veglio, la cui veglia incessante ci ha confortati con insoliti ristori; questo sotto-prefetto Musso che se ne fa emulo generoso, plaudente con noi alle spesse vittorie delle forze regolari e nazionali, ora in due settimane chiudono con noi l'animo alla gioia, e con noi compiangono le spesse rivincite degli assassini che rialzano la testa, e le perdite significanti dei soldati italiani. Difatti in quindici giorni deploriamo più di quaranta vittime di essi, caduti tutti nei boschi che coronano questo comune. Sette perirono in Lagopesole nel dì 23 maggio. Pochi giorni prima in una perlustrazione di granatieri, operatasi nelle Maurelle, se ne disperdono cinque, s'imbattono nei ladri che li catturano, li conducono nel bosco Castiglione, quivi dei bottoni della giubba ne fanno una corona alla fronte di ciascuno, conficcandoveli a colpi di pietra, indi li straziano con nuovi generi di morte; pochi dì dopo, ci si dice che il caporale Agostini, sorpreso in questo bosco istesso da altri granatieri, fugge, apposta i migliori tiratori della sua banda tra le fratte della sponda sinistra dell'Ofanto, rimane il suo cavallo ben bardato sulla ghiaia di quel torrente, si rinselva anch'egli, ed attende che i soldati, non dirò con l'indomabile avidità della preda, che le infinite volte ha fatto loro sfuggire la gloria di complete disfatte dei nemici, ma con l'ansia di aver fra mani oggetti dei medesimi, mal pensando, compirono i disegni di una mente brigantesca; si affollano d'intorno al cavallo ed una scarica ne stramazza dodici. Nel dì 30 maggio il general Franzini, reduce da Calitri e battendo i luoghi aperti di Ruvo e S. Fele, volle da un legnaiuolo di colà, raggiunto per via, esser indirizzato per la strada più breve al castello di Lagopesole onde visitarvi il campo delle prime vittime. Giunti alla masseria Giannini in prossimità di S. Ilario, il legnaiuolo lo previene che intorno a quelle mura si vedevano ladri appostati; egli non vi aggiusta fede in sulle prime; indi rassicurato dal suo aiutante maggiore, si duole della guida di averlo per colà diretto, e questa guida ora lavora in Atella.

Come? Si erogherebbero centinaia in cerca di spie fedeli, ed ora fa dispiacere la fortunata situazione di trovarsi a fronte ai ladri in aperta campagna con quindici cavalleggeri e numerosa fanteria di granatieri? Stando alle assicurazioni della guida, è questo un mistero, onde non sapremmo farci interpreti senza ritenere l'avviso stampato del destituito capitano..... che il brigantaggio cioè serva tuttora a fini occulti del Governo, ossia del ministero. Evviva le eccellenze, se l'è così!!! La proprietà, la vita, l'onore delle più illibate famiglie, del fiore di questi municipii, al cui generoso ardire è in gran parte dovuta la gloria nazionale, sono in tal caso vilissimi istrumenti degli ascosi disegni delle menti loro, e delle misteriose tendenze dei loro cuori!!! Iddio cansi noi da tanta sventura, e loro da tanta vergogna!

Franzini dunque facendo appiattare a molta distanza tutti i granatieri, comanda l'assalto ai soli quindici cavalleggeri nell'incertezza del numero dei ladri, i quali eccedendo i quaranta, a prima scarica ne uccisero quattro, gli altri da eroi li attaccarono alla sciabola, ed uno contro cinque, ferendo molti ladri, ne uccisero uno, un altro ne presero vivo, rimanendo sul campo altre due vittime di loro. Sicchè causarono per proprio valore la morte quei bravi, non mica per sufficienza di forza che alle loro grida accorse di poi, comunque con fatale ritardo. Dopo la scambievole disfatta in tanta sproporzione di numero, ferito anche il valoroso primo aiutante, si trasportano i cadaveri in Atella, ove si attirarono il compianto dei nostri cuori, trafitti le mille volte da spade di simili dolori, e lo stanco generale sen va fumando a lieta mensa ed ordinando che al brigante ferito si apprestasse brodo e pasta. E questi colle guance squarciate e riversate da' colpi vindici delle valorose armi di quei prodi, tracanna due litri di vino al cospetto dei vivi e dei morti. Questi fatti indignarono il popolo, che ne volea vendetta, dichiarando che la generosità, la lealtà e le utopistiche teorie umanitarie, tanto vagheggiate dai nostri deputati, restino discussioni da echeggiarne le volte del palazzo Carignano, non diventino mica pratiche dei nostri boschi ove non valgono che a moltiplicare i delitti e gli assassinii. Il signor Franzini sarà un bravo generale, ma di una tempra troppo pieghevole e dolce; sembra peccar in oltre di gelosia.

Nella confluenza degli sforzi generosi tendenti al più sacro dei fini, qual'è il bene e la gloria della patria, ogni gelosia tra le autorità civili, e militari, delle militari fra loro, tra le forze nazionali e regolari, truppe e squadriglie; è indizio di uno orgoglio individuale, di poco, o nessuno amore per la patria. Il capo-banda Giuseppe Caruso di questo comune, fatto uscire dalle prigioni sotto la responsabilità del generoso capitano dei carabinieri di Potenza iniziò un corso di operazioni brillanti e di bravure nel bosco Bucito, ove egli solo a prima uscita con due colpi uccise due ladri, un terzo ne afferrò vivo, e il sullodato Franzini, impone loro di uscire dalla sua zona, sol perchè non avean fatto precedere le formalità di rituale dipendenza che ha sempre ammorzati i sensi generosi dei cuori più ardenti. Un sistema opposto faceva conseguire dei gloriosi risultati al general Pallavicini. Quando il brigantaggio prese vaste proporzioni con Boryes, non contammo certo in più mesi tanti disastri militari quanti ne deploriamo da pochi dì con meno di settanta ladri. Ciò rileva che non il numero dei briganti, ma la cattiva, la falsa, od illogica direzione delle forze generali sconfitte. L'altra fonte generativa del brigantaggio, è il mercimonio che si è fatto finora da alcuni tribunali di provincia, vendendo a giustizia al miglior offerente. Questo iniquo sistema rincora i reazionarii non ancor colpiti, per nostra sventura, dalla legge, e quelli impudentemente assoluti, a soffiare a gonfie gote nel fuoco residuale del brigantaggio. Oh qual'altra piaga cruenta è questa per noi!!! Intanto il ministero difende in pubblico parlamento siffatto procedere di alcune nostre magistrature, affronte alle assicurazioni del generale Bixio, il quale ebbe a toccare con mano le vergogne cui accenniamo. Basta dire in fine che trova patrocinio, prolungamento di vita, e speranze di grazia Cipriano Lagala!

Crocco nelle carceri Nuove di Roma:

Ecco cosa scrivevano da Roma in data 6 settembre 1864 al giornale *La Nazione:*

« Ho saputo oggi i particolari della consegna che fece di sè e dei suoi cinque principali aiutanti di campo, il famigerato Crocco Donatelli. Questo appressatosi a Veroli, mandò un contadino a chiamare i gendarmi pontifici, vietandogli, sotto pena di morte e d'incendio del suo casolare, di avvertire i francesi. Il contadino eseguì puntualmente la commissione e, tornato coi gendarmi presso i briganti, ottenne da questi un generoso donativo di scudi dieci; i gendarmi si abboccarono con Crocco, che, patteggiata la sicurezza del ricco bottino che aveva con sè, depose le armi nelle loro mani, e si consegnò loro coi suoi compagni. Furono tradotti in Roma più come amici, che come briganti nelle carceri Nuove, dalle quali si vuole sieno stati già fatti partire, onde sottrarli al pericolo di cadere nelle mani dei francesi, il cui comando in Roma ne aveva fatto già formale richiesta al Governo pontificio ».

Ed il Crocco a pag. 98 della sua autobiografia dice che fu chiuso in carcere per 32 mesi, con una libbra di pane al giorno ed una zuppa di legumi. Scrivendo così, egli ha avuto la sua ragione, ma è una inesattezza come tante altre. Cosa erano di fatto queste carceri Nuove?

Il *Popolo d'Italia*, in data 16 novembre 1864, riporta una corrispondenza da Roma, nella quale si parla di queste carceri. Essa dice:

« Visitando le carceri Nuovi e quelle dette Centrali, si trova in ciascuna di queste prigioni un gran *camerone* in ognuno dei quali sono rinchiusi circa un centinaio di briganti, fra i quali Pilone e Crocco. Questi *cameroni* non sono una prigione, ma un rifugio. Là sono custoditi, si riposano, ottengono quello che desiderano, passano il tempo cantando, giuocando, fumando e bevendo alla salute dei loro protettori, e sortono di quando in quando la sera, accompagnati da un uomo pratico del paese e fidato ».

Altro quindi che una libbra di pane ed una zuppa di legumi!...

INDICE

5   Il volto feroce del brigantaggio – di Marcello Donativi

IL BRIGANTE CROCCO E LA SUA AUTOBIOGRAFIA

15   Prefazione

20   Capitolo I

40   Capitolo II

50   Capitolo III

73   Capitolo IV

79   Capitolo V

97   Documenti

PILLOLE PER LA MEMORIA

1   GIUSEPPE BUTTÀ, *Un viaggio da Boccadifalco a Gaeta*
2   VITTORIO ALFIERI, *Il Misogallo*
3   ENRICO MORSELLI, *L'umanità dell'avvenire*
4   ALBERTO MARIO, *La camicia rossa*
5   CARMINE CROCCO, *Come divenni brigante*
6   MASTRO TITTA, *Memorie di un boia*
7   NAPOLEONE COLAJANNI, *Nel regno della mafia*
8   GIACINTO DE SIVO, *Storia delle Due Sicilie 1847-1861*, vol. I
9   GIACINTO DE SIVO, *Storia delle Due Sicilie 1847-1861*, vol. II
10 GIUSEPPE BUTTÀ, *Edoardo e Rosolina o le conseguenze del 1861*
11 GIUSEPPE BUTTÀ, *I Borboni di Napoli al cospetto di due secoli*, vol. I
12 GIUSEPPE BUTTÀ, *I Borboni di Napoli al cospetto di due secoli*, vol. II
13 GIUSEPPE BUTTÀ, *I Borboni di Napoli al cospetto di due secoli*, vol. III